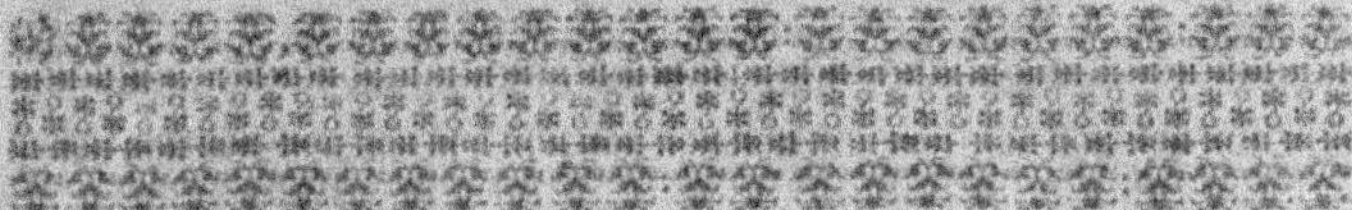

RELATION DES COSAQVES.

E nom de Cosaques a esté donné à ces Peuples, à cause de leur agilité & de l'adresse qu'ils ont d'aller en des lieux de difficile accez, tels qu'est l'embouchure du Boristene, pour faire la guerre aux Turcs & aux petits Tartares : car Cosa veut dire en Polonois Chevre.

Autrefois & auant l'institution de leur Milice, qui fut establie par le Roy Estienne Battori, c'estoient des Volontaires des frontieres de Russie, Volinie, Podolie, & autres Prouinces de Pologne qui s'atttoupoient, ainsi qu'ils ont continué depuis, pour faire des courses sur la Mer-noire, où ils remportoient souuent des auantages considerables, & faisoient de riches butins, tant de Galeres Turques qu'ils rencontroient sur cette Mer, que dans les descentes qu'ils faisoient dans la Natolie, où ils ont pillé & saccagé souuent des Villes, comme Trebizonde & Synope, ayans eu mesmes la hardiesse de s'auancer jusques à la veuë de Constantinople, & d'y faire des prisonniers & du butin.

Lors que l'arriere saison venoit, chacun se retiroit chez soy, se donnans rendez-vous pour se rassembler au Prin-temps aux Isles & escueils du Boristene, & de là retourner faire leurs courses. Le Roy Estienne Battori, à qui la Pologne est redeuable de beaucoup de beaux Reglemens, considerant l'vtilité qu'il pourroit tirer de ces coureurs pour la garde des frontieres de Russie, en forma vn corps de Milice, en leur donnant la Ville & territoire de Tetrimrou sur le Boristene, pour leur seruir de Place-d'armes, & leur creant vn General auquel il donna pouuoir de creer les Officiers subalternes, necessaires pour les commander sous son authorité, leur accordant de plus outre leur paye, des priuileges & exemptions d'imposts & de corvées, à peu prés en la maniere que Charles V I I. Roy de France institua en 1449. les francs Archers par toutes les Parroisses de son Royaume. Le Roy Estienne joignit à cette nouuelle Milice deux mil Cheuaux, pour l'entretien desquels il destina la quatriéme partie de tous les reuenus de son Domaine, d'où vient qu'on les appelloit Quartani, & par corruption Quartiani. Ces forces ainsi establies pour la garde de la Frontiere, l'asseurerent tellement contre les irruptions des Tartares, que tout le pays desert, au delà des villes de Braslaw, Kiouie & Bar, se peupla en peu de temps, chacun y menant des Colonies de toutes les Prouinces du Royaume, & y bâtissant des Villes & Chasteaux. Cette Milice reglée de la sorte, s'est tousiours maintenuë, & a rendu de bons seruices à la Pologne, & beaucoup plus qu'auparauant qu'elle estoit dispersée, & n'agissoit point de concert, & sous le commandement d'vn Chef dont l'authorité fut établie : mais comme son vnion d'vn costé fit vn tres-grand effet contre les Tartares, en mettant la frontiere à couuert de leurs incursions, elle se trouua d'ailleurs tres-dommageable à la Pologne, contre laquelle elle s'est souleuée fort souuent. En effet, les Cosaques se voyans si necessaires à cét Estat-là, en deuinrent insolens à tel point, qu'ils n'en voulurent presque plus receuoir les ordres, ny reconnoistre les Seigneurs particuliers dont chacun d'eux pouuoit releuer.

Leur premiere rebellion fut sous Iean Podokoua leur General en 1587. qui y succomba, & eut enfin la teste trenchée. En 1596. le Roy Sigismond successeur d'Estienne, ayant deffendu aux Cosaques de continuer leurs courses sur la Mer-noire, en suitte des plaintes qu'il en auoit receuës du grand Seigneur, ils s'en abstintrent à la verité : mais ce fut pour se ruer sur la Ruffie & sur vne partie de la Lithuanie, où ils firent des rauages inouys sous la conduite de Naleuaiko leur General. En vain leur enuoya-t-on des ordres pour defarmer & retourner chacun en leurs maisons; ils les mépriferent, & s'vnirent plus étroitement sous leur Chef pour resister à l'Armée Polonoise, que le General Tolkieuski fut obligé de mener contre-eux. Ils l'attendirent de pied ferme prés de la ville de Bialacerkiew, & l'y combattirent auec auantage. Enfin, apres diuerses rencontres, Tolkieuski, qui estoit vn grand homme de guerre, les ayant serré de prés & poussé dans des lieux defauantageux, ils furent forcez de luy liurer Naleuaiko, qui fit vne fin semblable à celle de son predecesseur.

En 1637. les Cofaques se reuolterent pareillement : mais auec vn aussi mauuais succez qu'autrefois. La cause de ce soûleuement vint de ce que plusieurs Seigneurs Polonois ayans acquis ou obtenu par don, des terres sur cette frontiere, dans les lieux destinez pour les quartiers des Cofaques, & voulans pour augmenter leurs reuenus, assujettir leurs nouueaux Sujets aux mesmes charges & coruées que ceux des autres Prouinces de la Pologne, ils persuaderent au Roy & à la Republique, qu'il estoit important au repos & au bien de l'Estat, de châtier l'insolence des Cofaques qu'ils auoient sujet d'apprehender, comme gens capables de trauerser leurs desseins, estans libertins, & dont l'exemple faisoit porter plus impatiemment le joug aux autres paysans; de sorte qu'il fut resolu de bastir vn Fort en vn lieu appellé Kuclak sur le Borestene, dans vne situation fort propre pour contenir les Cofaques en leur deuoir, comme estant plus proche des *Porohi ou roches de ce fleuue, qui sont leurs retraites ordinaires; & parce qu'ils défirent d'abord le Colonel Marion François, que le General Konielpolski y auoit laissé auec deux cens hommes, pour faire bastir cette forteresse, il y fit hyuerner vne bonne partie de ses troupes, jusques à ce qu'elle fut en deffense. Les Cofaques jugeans bien à quel dessein l'on construisoit ce Fort auec tant de diligence, en prirent l'alarme, & s'assemblerent en plus grand nombre qu'ils pûrent; mais estant entrez, dans le moment qu'ils auoient le plus de besoin d'estre vnis, en deffiance de leur General Sawaltonowicz, ils le massacrerent, & éleurent tumultuairement en sa place, vn certain Paulurus homme de peu de consideration & sans experience; aussi payerent-ils bien-tost apres la folle enchere de ce choix; car ayant esté rencontrés par le Marefchal de Camp Potoski prés de la ville de Corfun, à l'improniste & auant qu'ils eussent eu le loisir de faire leur Tabor ou retranchement de Chariots, comme ils auoient peu de Caualerie; ils furent assez aisément défaits, les fuyards se jetterent dans Borowitza : mais Potoski les y alla aussi-tost assieger; & d'autant que la place estoit dégarnie de toutes sortes de munitions, ils furent obligez de mettre entre les mains des Polonois leur General Paulurus, auec quatre autres de leurs principaux Officiers, ausquels l'on fit couper la teste à Vvarsouie, l'année suiuante durant la Diéte, au prejudice de la parole qui leur auoit esté donnée d'auoir la vie sauue, laquelle la Republique ne voulut point tenir. La perte de leurs Generaux fut suiuie de celle de leurs priuileges & de la place de Tertimirou, que le Roy Estienne leur auoit autrefois accordée, & enfin de la suppression de l'ordre ancien de leur Milice, à laquelle le Roy de Pologne donna charge à ses Gouuerneurs de donner vne nouuelle forme pour la rendre plus obeyssante. Ils ne perdirent pas pourtant courage apres ces disgraces; & voulans faire des derniers efforts pour la conseruation de leur liberté, apres encore auoir éprouué le sort des armes contre le General Potoski; enfin, affoiblis de tant de diuers combats, ils se retrancherent au delà du Borestene sur le fleuue Stareza, où ils souftinrent plus de deux mois plusieurs assauts des Polonois, lesquels y ayant perdu aussi beaucoup de monde, furent contraints de capituler auec ces desesperez, & de leur promettre qu'ils seroient restablis dans leurs priuileges, & leur Milice remise sur

---

*Porohi sont des rochers ou abaissez de roches estendus au trauers de la riuiere; il y en a quelques-vnes sous l'eau, d'autres à fleur d'eau; d'autres bien de l'eau de plus de 8. à 10. pieds qui s'eleuer-reste la mort de la riuiere, laquelle apres se i va font quelquesfois dix à 25 pieds, & cela fait que le Bore-stene s'estend cur au Prin-temps, lors que les neiges fondent, tout les Porohi se couurent d'eau, excepté le septiéme que s'appelle Nienasitecz, & de tous faut il n'y a que treize dedans, qui est si di-uerse & Tarascrem...

le pied qu'elle estoit auparauant de six mil hommes sous le commandement d'vn General qui leur seroit donné par le Roy : mais la foy ne leur fut pas mieux gardée qu'auparauant, & la plussart en se separant furent destalisez ou tuez par les soldats Polonois : leur Milice ne fut pas non plus remise : mais on en composa vne presque nouuelle, en y changeant souuent le General, & en bannissant les veritables & anciens Cosaques, l'on sentit bien-tost apres le tort que fit ce changement. Les Tartares qui firent vne course deux ans apres, estant entrez fort auant, & ayans rauagé les territoires de Perislaw, Corsun, & Visnowieck, d'où ils n'auoient pas accoustumé d'approcher auant cette reforme.

Ils se remirent neantmoins quelque-temps apres ; & le feu Roy Vladislas qui auoit dans l'esprit le dessein de la guerre contre les Tartares, qu'il pretendoit aller chercher jusques dans le Percop & les en chasser, ne contribua pas peu à leur entier establissement : car outre les autres forces qu'il faisoit estat d'employer pour l'execution de cette entreprise, il auoit resolu de se seruir des Cosaques, d'en accroistre le nombre ordinaire sous la conduite de Bogdan Kimielniski vieil Officier parmy eux, de la valeur & suffisance duquel il témoignoit faire assez d'estime. Cette entreprise que le Roy de Pologne meditoit contre les Tartares, ayant esté empeschée par la Republique, sans le consentement de laquelle ce Prince auoit leué des troupes considerables, dont elle entra aussi-tost en jalousie, apprehendant que sa Majesté Polonoise ne courust de ce pretexte quelque autre dessein prejudiciable à sa liberté. Kimielniski demeura par consequent sans employ apres le licentiement de l'armée que le Roy auoit leuée, mais son esprit ambitieux & inquiet luy fit bien-tost naistre de l'occupation : car ayant eu vn demelé auec le Lieutenant de Konispolski, fils du grand General du mesme nom, pour les bornes de quelques heritages ; & son fils mesme ayant esté mal-traité par ledit Konispolski, il pensa aussi-tost aux moyens d'en tirer raison. Il se rendit pour cet effet aux Porouis ou Isles du Boristene, retraite ordinaire des Cosaques, où il en amassa le plus qu'il pût pour se fortifier contre ses ennemis ; & comme il eut receu aduis que le General Potoski se preparoit à le venir pousser jusques dans ces lieux éloignez, ne se fiant pas entierement à ses forces, il s'addressa à Thamby General des Tartares, homme à peu prés de son humeur & de pareille condition, s'estant souuent souleué contre le Cam son Maistre. Kimielniski sçeut si bien le gagner par son addresse, en luy faisant esperer vn grand butin en Pologne, que nonobstant cette haine & antipathie naturelle d'entre les Cosaques & les Tartares, & les guerres cruelles que ces deux peuples s'estoient tousjours faites, il fit amitié, & entra en ligue auec luy. Le General Polonois voulant preuenir l'execution de ce traité, & la jonction de leurs forces, détacha quatre mil Cosaques entretenus, qui estoient demeurez au seruice de la Republique, auec quinze cens soldats Polonois, pour aller chercher Kimielniski jusques dans son repaire du Porou : mais apres qu'ils y furent arriuez, les Cosaques ayans tué leurs Officiers, se rangerent du costé des rebelles, si bien qu'il ne fut pas mal-aisé à Kimielniski de déffaire les quinze cens soldats Polonois restans, qui pourtant firent toute la resistance possible pendant quelques iours ; de là il s'aduança auec sept mil hommes, & quarente mil Tartares, vers le gros de l'Armée Polonoise ; laquelle ayant appris la nouuelle du mauuais succez de l'expedition du Potoski, & de la defection des quatre mil Cosaques qu'elle y auoit ennoyée, ne pensoit plus qu'à se retirer auec ce qui restoit, qui pouuoit faire enuiron cinq mil hommes, marchant au milieu de ses Chariots : mais estans arriuez dans vn bois marescageux, la file des Chariots y fut aisément rompuë, l'armée fut enuironnée de toutes parts, & accablée par cette multitude d'ennemis, desquels elle eut pû encore échaper sans le grand defilé & la perfidie de dix-huit cens Cosaques qui luy restoient, qui au commencement du combat l'abandonnerent, & se jetterent du costé dés leurs. Cette deffaite suruenuë dans le temps de la mort du Roy, causa vne extréme consternation dans l'Estat, & facilita à Kimielniski l'execution de ses pernicieux desseins. En effet, presque tout le plat-pays de la Russie suiuit sa rebellion, à laquelle les peuples n'estoient que trop disposez il y auoit long-temps, par l'auersion naturelle qu'ils ont de la domination Polonoise, à cause de la difference de Religion, la Russie estant quasi toute Grecque Schismatique, & du pouuoir tyrannique & inhumain que les Gentils-hommes ont tousiours exercé sur leurs Sujets, d'autant plus difficile à supporter que les priuileges & la liberté des Cosaques leur donnoit d'enuie. Dans cette conioncture si fauorable, Kimielnissi fit ce qu'il voulut, & s'empara auec assez de facilité de toutes les places de la frontiere, que la défaite de l'Armée Polonoise auoit remplie d'épouuante, & d'ailleurs d'épourueües d'hommes & des choses necessaires pour leur deffense. Le Senat assembla le plus de troupes qu'il pût dans la confusion qui est ordinaire dans vn interregne, pour arrester les progrez des souleuez : l'on forma en peu de semaines vn corps considerable, & qui pouuoit agir vtilement s'il y eut eu vn General pour le commander : car Potoski qui estoit pourueu de cette charge, ayant esté fait prisonnier dans la derniere deffaite, & le Roy estant mort en suite, le Senat ne pouuoit pas en donner la commission à vn autre, sans que les autres Chefs y trouuassent à redire, & fissent difficulté de le reconnoistre, personne ne pouuant conferer les charges en Pologne que le Roy. C'est ce qui arriua aussi, & d'où s'ensuiuit la déroute & la dissipation de cette Armée, que l'on auoit eu tant de peine à assembler pour parer la perte de l'autre : car ayant esté resolu dans le Conseil, que l'on éuiteroit de s'engager dans vn combat auec les rebelles, pour ne point hazarder les forces de la Republique dans le rencontre de l'interregne ; & les ordres ayans esté donnez pour la retraite iusques à la ville de Constantinow, vne terreur panique saisie aussi-tost la pluspart de l'Armée, qui sans estre pressée des ennemis qui estoient à vne iournée de là, & au lieu d'attendre le lendemain matin que l'on deuoit marcher en ordre pour se retirer, ainsi qu'il auoit esté concerté, plusieurs dés la nuict plierent bagage, & gagnerent le deuant auec tant d'épouuante & de desordre, que les plus asseurez furent contraints d'en faire de mesme. Kimielnissi ne sçeut rien de cette déroute, & la croyoit si peu possible, qu'il ne pût adiouster foy aux premiers aduis qu'on luy en apporta, & se fut en quoy sa bonne fortune l'abandonna ; car s'il eût esté aduerty à temps, presque personne de cette Armée, dans laquelle estoit la fleur de l'Arriereban, ne luy eut échapé. Il ne laissa pas d'en profiter beaucoup, & ayant eu tout le bagage & tout le canon, dont il s'est depuis seruy fort vtilement.

L'élection du Prince Casimir, qui fut proclamé Roy sur ces entrefaites, arresta le cours de sa victoire, & le fit condescendre à vne suspension d'armes pour quelques mois, laquelle ne fut pas plustost expiré, que la guerre recommença auec autant de chaleur qu'auparauant.

Le nouueau Roy, en attendant que le gros fut en estat de marcher, enuoya vne Armée de neuf mil hommes sous le commandement du General Firley, & Stanislas Landskron, pour obseruer la contenance & les actions des Cosaques. Ils vinrent pour cét effet se poster à Zbarras lieu iugé le plus propre pour ce dessein : ils n'y furent pas plustost retranchez, que Kimielniski parut auec les Tartares. Iamais il ne s'est veu d'armées si nombreuses, depuis celles des Huns & de Tamerlan ; car on y comptoit cent mil Cheuaux Tartares, commandez par leur Cam en personne, & deux cens quatre-vingt mil Cosaques & paysans souleuez. Les troupes Polonoises furent ainsi assiegées dans Sbarras, où elles resisterent pendant six semaines à tous les assauts des Tartares & des Cosaques, & aux incommoditez que ne peut éuiter vne Armée reserrée dans vne place.

Au bout de ce temps, & comme ils estoient dans les termes de perir ou de se rendre à l'ennemy, le Roy se mit en campagne, quoy qu'auec des forces tout à fait inégales & disproportionnées au grand nombre des ennemis qu'il auoit à combattre ; car il n'auoit que quinze mil hommes de solde, & enuiron cinq mil autres amenez par les Seigneurs. Le Roy ne fut pas plustost arriué à Zborrow, petite ville de Russie, que Kimielniski & le Cam, desia aduertis de sa marche, ayans laissé au blocus de Zbarra quarante mil Tartares, & prés de deux cens mil Cosaques ou paysans soüleuez, vinrent fondre sur les troupes du Roy, qui n'estoient pas encore entierement retranchez. Les Tartares attaquerent par vn costé, & Kimielniski par l'autre : mais tous leurs efforts furent rendus inutiles, par la braue resistance des Polonois, qui animez par la presence du Roy, firent par tout teste à de si puissans ennemis. La nuict qui suiuit ce choc, il pensa arriuer vn pareil desordre à celuy de l'Armée precedente, lors que l'Armée saisie d'vne terreur panique, se retira en confusion de Pilaueze; si bien que le Roy fut obligé de se monstrer par tout le Camp, pour destromper vn chacun du bruit qui auoit couru de sa fuite. Cependant, dans le Conseil qui fut tenu, le grand Chancelier Ozolinski fut d'auis que l'on fist vne tentatiue pour desvnir les Tartares d'auec les Cosaques, en leur proposans des conditions aduantageuses, lesquelles sembloient estre d'autant mieux receuës, qu'ils n'auoient en leur particulier aucun sujet de se plaindre. Le Roy ayant donc enuoyé faire vn compliment au Cam, & luy ayant remis en memoire les faueurs qu'il auoit receuës du Roy Vladislas pendant sa prison en Pologne, & de la liberté qui luy auoit donnée en suite, luy fist entendre qu'il s'estonnoit qu'oubliant tant de bienfaits, il eut voulu se joindre à des rebelles, & appuyer leur crime; qu'il ne deuoit point attendre du Ciel aucun bon succez, tant qu'il soutiendroit vne cause si injuste: qu'au reste, s'il estimoit de voir preferer só alliance à vne autre si honteuse & si infame, il luy offroit son amitié. Le Cam fit vne réponse fort ciuile à ce compliment, apres lequel vne conference du Chancelier auec son Visir ayant esté resoluë, ces deux Ministres conclurent la Paix, dans laquelle l'on promit au Cam le subside ou tribut ordinaire de trente mil tôles de peaux de Mouton, qui n'auoient point esté fournis depuis quelques années, auec quelque argent comptant, moyennant quoy il s'obligea de rappeller ses troupes de deuant Zbarras, & de se retirer incessamment des terres de la Republique. Il stipula aussi par cét accord, l'accommodement de Kimielniski, auquel son Generalat fut confirmé auec plus de prerogatiues & d'authorité qu'aucun de ses predecesseurs n'auoit eu en la Milice des Cosaques, il n'auoit iamais esté que de six mil hommes, & fut accreu jusques au nombre de quarante mil, pour l'enrôlement desquels l'on deputeroit au premier iour des Commissaires. C'estoit proprement le moyen d'entretenir le feu au lieu de l'esteindre, & raffermit la rebellion au lieu de l'abatre: mais il falloit ceder au temps, & sauuer la personne du Roy & les deux Armées assiegées en mesme temps, qui ne pouuoient pas échaper de la main de cette multitude effroyable d'ennemis, sans la legereté des Tartares gens inconstans, qui aymerent mieux vn peu d'argent comptant, que de trauailler à l'establissement de Kimielniski, n'estans pas accoustumez d'ailleurs à vne guerre de longue haleine, telle qu'est celle des sieges, pour lesquels ils sont aussi fort peu propres, n'ayant que de la Caualerie.

Kimielniski doutant que les Polonois voulussent garder vne paix si desauantageuse pour eux, & à laquelle ils auoient esté obligez de consentir, par l'extréme necessité de leurs affaires, s'appliqua à rechercher les moyens de se maintenir par des alliances auec les puissances voisines, ne jugeant pas que celle des Tartares luy fut assez asseurée. Il enuoya donc à la Porte, & au grand Duc de Moscouie, dont il estimoit l'amitié beaucoup plus que celle des autres Princes, à cause de la conformité de la Religion: mais ces Enuoyez n'en rapporterent que de belles paroles, qui n'eurent point de suite. Le grand Seigneur luy promit l'inuestiture du Duché de Russie, pourueu qu'il se rendit son Vassal & tributaire; mais soit qu'on apprehendât à la porte d'irriter le Roy de Pologne dans la conionéture de la guerre auec la Republique de Venize, ou soit que l'on y fut dans l'impuissance de secourir Kimielniski, ou que l'obstacle y fut apporté par quelque Ministre de la

Porte, pour des interests particuliers. Toutes ces promesses n'eurent point d'effet, non plus que celles du grand Duc de Moscouie : car quoy qu'il fut bien-aise de la propagation de la Religion Grecque, qui seroit auancée par les progrez des Cosaques, il voyoit d'ailleurs que leur soûleuement & des paysans de Russie seruoit d'vn fort mauuais exemple, & jettoit des semences de diuision dans l'esprit de ses Sujets. Kimielniski rechercha aussi l'alliance du Prince de Valachie ; mais ce fut par la surprise & par la force, voyant bien qu'estant consideré de la Pologne, à laquelle il donnoit aduis de tout ce qu'il negocioit auec les Tartares, il ne luy seroit pas facile de l'engager autrement à son party. Il suscita donc les Tartares, ausquels il joignit quatre mil Cosaques d'élite, qui vsant à leur ordinaire d'vne extréme diligence, surprirent si brusquément ce Prince, qu'il n'eût que le temps de se sauuer de Sorzuna sa Ville capitale, auec sa famille & ses meubles les plus precieux, dans le plus épais de la forest voisine, où pour preuenir sa ruine entiere, il fut obligé de donner vne somme d'argent aux Tartares, & sa fille vnique à Timothée fils de Kimielniski. Cette violence exercée à l'endroit d'vn allié de la Republique de Pologne, estoit vne contrauention manifeste à la paix, qui d'ailleurs n'estoit pas mieux executée dans le restablissement de la Noblesse dans ses terres, où leurs paysans ne voulurent point les receuoir ; & Kimielniski auquel on enfaisoit tous les iours des plaintes, ne les y contraignoit pas autrement, afin de s'acquerir dauantage l'affection de ses peuples, qui auoient peine de renoncer à la liberté qu'ils commençoient de goûter pendant la derniere rebellion. Ainsi, il fut resolu d'enuoyer le General Potoski, reuenu peu auparauant de sa prison de Tartarie vers le Niestre, afin qu'estant plus proche de la Valachie, il eut mieux l'œil sur les déportemens de Kimielniski.

Kimielniski, à qui la valeur de ce General estoit assez connuë, conçeut aussitost de l'ombrage de l'approche de ses troupes ; & comme il en eut enuoyé faire des plaintes, on luy repartit qu'il ne deuoit point s'estonner que l'Armée fut sur la frontiere, puis que s'estoit pour sa garde ordinaire, & on luy reprocha en mesme temps la guerre qu'il auoit fait mal-à-propos à ses voisins, les insultes & les violences qui auoient esté faite à la Noblesse qui pensoit retourner dans ses maisons ; les alliances suspectes qu'il recherchoit de toutes parts. Ces reproches & menaces des vns & des autres, estoient les auant-coureurs d'vne nouuelle guerre à laquelle chacun se disposoit auec beaucoup d'application. Le Roy de Pologne, dans la Diéte tenuë pour ce sujet à Varsowie sur la fin de 1650. proposa de faire vne leuée de cinquante mil Estrangers ; & quoy que quelques Seigneurs las de la guerre precedente, & apprehédans les euenemens incertains d'vne seconde, preferassent la paix auec les conditions les plus dures, à vne guerre heureuse : toutefois, la pluralité des voix l'emporta pour recommencer la guerre, & pour faire les derniers efforts pour exterminer vne puissance, qui se fortifiant dans le sein de l'Estat, n'en reconnoistroit plus d'autre à la fin, & ne tiendroit iamais de paix que lors qu'elle luy paroistroit vtile pour l'auancement de ses desseins. Il se fit en suite de puissans preparatifs par toute la Pologne, pour executer la resolution de la Diéte ; & au mois de Iuin, le Roy se vint camper à Sokal sur le Bog, auec plus de cent mil hommes, tant des troupes entretenuës que volontaires, & de l'arriereban, le Poste de Sokal n'ayant pas esté jugé propre, ny pour y ranger toute l'Armée en bataille en cas de besoin, ny mesme assez abondant en fourage pour l'y faire subsister lon-gtemps : l'on en décampa sur la fin de Iuin, & l'on se vint poster à Beresko Ville sur la riuiere du Ster, où l'Armée auoit vn terrain suffisant pour vn champ de bataille, & où ils auoient plus de fourage. Là, on eut aduis par les partis que le Roy auoit enuoyé pour prendre langue des ennemis, que les Tartares auoient joints les Cosaques, & qu'ils s'approchoient ensemble à grandes journées, qu'ils faisoient trois cens cinquante mil hommes. Sur cét aduis, l'on resolut au Conseil de guerre de décamper, & d'aller gagner Dubro, ville du Prince Dominique Duc de Taslaw ; & les bagages commençoient desia à filer, lors que des coureurs rapporterent que l'ennemy n'estoit pas à demye lieuë de là, de sorte que ceux qui estoient partis furent aussitost contre-mandez, & l'on rangea l'Armee Polonoise en bataille hors du Camp qu'elle auoit desia retranché, ayant la riuiere de Ster à dos : la premiere journée se passa en quelques escarmouches auec les Tartares ; & dans le Conseil qui fut tenu la nuict suiuante, où quelques-vns estoient d'aduis de ne point hazarder la bataille, le Roy la fit resoudre, representant que si l'on differoit dauantage, l'ennemy marchant auec son Tabor, qui est, comme j'ay dit, vn retranchement de Chariots, occuperoit tout le terrain que les Polonois auroient pour se mettre en bataille, & les aculeroit dans Bereako, où ils combattroient auec desauantage. Ainsi, le vingt-neufiéme Iuin sur les deux heures apres midy, le combat commença auec les Tartares, qui s'estoient rangez en forme de croissant sur les hauteurs voisines, ayant les Cosaques à leur gauche, opposez à la droite de l'Armée Polonoise. Iamais il ne s'est veu de plus grandes forces ensemble : car il y auoit dans les deux Armées quatre cens cinquante mil hommes, qui occupoient quatre lieuës Françoises de plaine : les Tartares soûtinrent assez bien le choc de l'aisle droite de l'Armée Polonoise : mais le reste de la premiere ligne où estoit toute l'Infanterie auec le Canon à la teste : ayans marché contre-eux, ils ne firent pas grande resistance, & lâcherent bien-tost le pied, quelques remonstrances & quelques prieres que pût faire Kimielnisui, pour les faire retourner à la charge ; au contraire, le Cam s'aigrit si fort contre luy, de ce qu'il luy auoit fait entendre que l'Armée Polonoise n'estoit que de vingt mil hommes, qu'il courut danger de sa personne, & fut obligé pour appaiser le Prince des Tartares, de l'accompagner en sa retraite, laissant son Armée, qui estoit encore de deux cens mil Cosaques & paysans exposez à l'insulte du vangeur. Ces rebelles ne perdirent pas pourtant courage dans cette conjoncture de la fuite des Tartares & de l'absence de leur General, ils éleurent vn de leurs Colonels pour commander en sa place, nommé Bohun, & se retrancherent auec tant de diligence, ayans autour d'eux des marests & vne riuiere à leur front, qu'ils se maintinrent en cét estat près de quinze iours, quelques efforts que les Polonois fissent pour les forcer, jusques à ce que leur nouueau General estant allé auec des gens choisis, pour faire fortifier quelques endroits du Camp les plus proches de l'Armée Polonoise, qui luy paroissoient trop foibles. Ils prirent cette sortie qui se fit la nuict pour vne fuite, & aussi-tost vne consternation generale s'estant mise parmy eux, chacun ne pensa plus qu'à se sauuer, laissans dix-huict pieces de canon auec tout leur bagage : les Polonois en tuerent trente mil dans la poursuite, & eussent dés-lors terminé cette guerre, s'ils eussent sçeu suiure leur pointe dans ce desordre general des rebelles : mais la Noblesse de l'arriereban qui faisoit vne bonne partie de l'Armée, representant qu'elle ne pouuoit pas estre plus long-temps hors de chez elle, & que cette guerre se pourroit aisément acheuer auec les troupes de solde ; aussi bien que si ce grand nombre de gens demeuroit plus long-temps ensemble, & s'auançoit dans ces pays deserts, où tout y periroit bien-tost, quoy que les autres qui estoient d'aduis auec le Roy de demeurer pour recueillir le fruit entier de la victoire, peussent dire au contraire : il fallut ceder au plus grand nombre, & le Roy mesme s'estant contenté de s'auancer deux ou trois journées dans le pays, pour dissiper les restes de l'Armée rebelle, & empescher le ralliemét des fuyards, retourna peu apres à Varsouie, apres auoir laissé le commandement de l'Armée au General Potosci, lequel s'auançant dans l'Vkranie, y prit & rauageâ quelques places ; & s'estant joint au Prince de Ratzuil, General de Lithuanie, qui auoit aussi de son costé remporté de grands auantages sur les Cosaques. Les Generaux pousserent Kimielniski jusques à Bealacierkew, l'vne de leurs principales forteresses, où il auoit assemblé son Armée, à laquelle quelques Tartares s'estoient venus rejoindre, à quoy il n'auoit pas eu peu de peine, les esprits de ces peuples estans merueilleusemét troublez de la derniere défaite. Il sembloit que les Polonois deussent acheuer la guerre des Cosaques cette année-là : mais les maladies contagieuses s'estans mises dans leur Armée, ils prestoient l'oreille à la paix que Kimielniski leur proposa. Les Seigneurs qui auoient leur bien sur cette frontiere, & qui pourtant ne demandoient pas la continuation de la guerre, ne contribuerent pas peu à y faire donner les mains ; elle ne fut pas si auantageuse que la precedente, puis qu'au lieu des quarante mil Cosaques qui deuoient estre entretenus, on n'en laissoit plus que vingt mil au General Kimielnisky, d'où leur regiftrement se deuoit faire quinze iours apres ; qu'ils n'auroient leurs quartiers que dans le Palatinat de Kiouie, que dans les lieux où lesdits quartiers seroient establis, les soldats Polonois n'y pourroient auoir les leurs ; que Kimielniski retiendroit Lzerin pour place de seureté ; que luy & ceux qui luy succederoient dans le Generalat des Cosaques, presteroient serment de fidelité au Roy & à la Republique ; qu'il auroit la disposition de toutes les autres charges de cette Milice ; qu'on ne pourroit rechercher ny inquieter aucun Gentil-homme Catholique Romain ou Grec, pour auoir suiuy le party des Cosaques ; qu'ils seroient maintenus dans l'exercice de la Religion Grecque, & dans la possession de leurs Eglises, Monasteres & Colleges ; que les Tartares qui estoient encore auec eux, vuideroient incessamment du Royaume ; que Kimielniski essayeroit de lier les Tartares au seruice de la Republique : mais que n'en pouuant venir à bout auant la Diete prochaine, il renonceroit à leur alliance ; que la Noblesse des Palatinats, de Kiouie, Braclauie, & Cremichouie, rentreroit dans ses biens : mais qu'elle ne pourroit pourtant exiger aucunes coruées ou autres redeuances de ses Sujets, auant la confection de la matricule des Cosaques & auparauant qu'ils fussent enrôlez.

Cette seconde paix a esté depuis rompuë par l'vsurpation qu'à faite le nouuel Hospodar de Valachie sur le Hospodar Basile, beau-pere du fils de Kimielniski, le premier estant porté par le Roy de Pologne & par les Princes de Moldauie & de Transsiluanie, ainsi leurs Armées s'estans rencontrez, celle du vieil Hospodar qui estoit composée en partie de Cosaques auxiliaires, fut défaite, & sa ville de Soczana, où le débris de ses troupes se retira, aussi-tost assiegée, Timothée Kimielniski s'y renferma pour la deffendre ; mais il y fut tué en vn assaut, les Cosaques y tinrent jusques à l'extremité ; & quoy qu'ils fussent reduits à y viure de la peau des cheuaux, & autres animaux qu'ils auoient mangez, ils ne laisserent pas d'obtenir vne composition fort honnorable. Le Roy de Pologne vint sur la fin de l'Esté de 1653. se camper vis-à-vis de la forteresse de Cochim sur le Nieper, pour fauoriser ce siege, & Kimielniski de son costé employa tous ses soins pour secourir la place, ayant appellé derechef les Tartares pour ce sujet ; mais ils y vinrent vn peu tard, & se contenterent de camper à trois ou quatre lieuës de l'Armée Polonoise, sans qu'il se passa que des escarmouches entre les deux partis. Sur la fin de l'Automne, le Cam ne trouuant plus à subsister, fit des propositions de paix aux Polonois, qui les receurent assez volontiers, leur Armée souffrant aussi beaucoup. Les conditions de ce traité furent, que le traité fait en 1649. à Zborow, seroit entretenu ; que l'on compteroit quarante mil liures aux Tartares, pour les obliger à se retirer sans piller ; & pour les Cosaques qui ne furent point compris dans le dernier traité, les Tartares intercederent en leur faueur, à ce que le païs leur fut remis, à condition qu'ils seroient les premiers à les exterminer auec sa Majesté Polonoise, s'ils entreprenoient rien contre-elle & la Republique, & s'ils empeschoient mesme les Gentils-hommes de r'entrer en leurs biens. Et parce que cette paix ne fut point signée, mais seulement verbale, on ne la prit que pour vne surseance d'armes, dont les deux partis estoient conuenus, ne pouuant plus ny les vns ny les autres tenir la campagne, de sorte que les troupes Polonoises, pour contenir les Cosaques & les obseruer de prés, prirent en suite leurs quartiers dans l'Vkranie.

Cette

1654

Cette année derniere, la guerre s'est renouuellée auec plus de chaleur que iamais, les intelligences que Kimielniski auoit entretenuës de longue main auec les
Moscouites ayant enfin éclaté & s'estant mis sous leur protection, apres auoir
reconnu que l'amitié & l'assistance des Tartares, qui se separoient tousiours de luy,
pour le premier auantage dont on les leuroit, luy estoit peu vtile & fort incer-
taine. Il a mis entre les mains du grand Duc de Moscouie, Kioüie, & Bialacierkew,
deux de ses meilleures places pour gages de la fidelité qu'il luy a jurée ; apres quoy
le grand Duc ayant pris pour pretexte, que quelques Seigneurs Polonois
ne luy auoient point donné les titres qui luy estoient deüs, & que l'on auoit im-
primé en Pologne quelques libelles contre luy, il a declaré la guerre aux Polonois à laquelle il se preparoit il y auoit deux ans ; & estant entré auec trois cens mil
hommes dans les Duchez de Seuerré & de Smolensko, il s'est emparé de cette place,
de Sklow, Dombrouna, Polesko, Vuitpesko, & autres sur le Boristene & le Tanais
qui luy donnent entrée dans vne bonne partie de la Lithuanie, & commence à
mettre les Suedois en vne si forte jalousie contre luy, qu'ils sont en termes d'entrer en ligue auec la Pologne, pour se garentir de l'orage dont leurs Estats sont
menacez.

Les Russes nomment le Tanais Don, les Tartares Ten.

Kimielniski s'est tenu pendant l'Esté dernier dans la Russie, pour empescher la
jonction des Tartares auec les Polonois, en suite du traité qu'ils ont fait ensemble, dont l'execution a esté retardée par le credit que le grand Duc a eu à la Porte ; c'est ce qui a obligé les Armées Polonoises de se tenir sur la deffensiue, n'ayant
pas eu, principalement depuis l'eschet qu'elles ont receu en Lithuanie, assez de
forces pour tenir la campagne deuant les Moscouites.

Il paroist par ce recit de la guerre des Cosaques, que ce n'est qu'vne Milice, & non
pas vne Nation, comme plusieurs l'ont crû ; on ne les peut mieux comparer qu'aux
francs-Archers establis autrefois en France par Charles VII. lesquels estoient des
hommes choisis dans toutes les Paroisses du Royaume habiles à porter les armes ;
qui, au premier mandement du Roy, deuoient se trouuer en équipage au
rendez-vous ; aussi estoient-ils exempts de toutes charges & imposts. Les Cosaques sont de mesme, choisis & enrollez dans la Russie-Noire, frontiere des Tartares, & qui ayans les mesmes franchises, sont pareillement obligez, de marcher où on les commande, comme il a esté dit cy-dessus. Ils n'auoient autrefois qu'vne Ville pour place d'armes, & pour Azile les Porouis du Boristene,
d'où ils ont esté appellez Cosaques Zaporoüski. Poroui, est vn terme Russien,
qui signifie pierre de Roche ; ce Fleuue, à cinq lieuës de son embouchure, est trauersé de Roches, qui s'entretenant, forment comme vne espece de digue au milieu de l'eau, c'est ce qui en rend la nauigation impossible, & oste le moyen à la
Russie de s'enrichir, par le commerce qu'elle pourroit faire à Constantinople de
ses bleds & de toutes les autres denrées, dont elle abonde autant que pays du monde. Il y a de ces roches qui sont à fleur d'eau, d'autres qui en sortent de la hauteur
de six, huit, & dix pieds ; de sorte que cette inégalité fait diuerses cascades, que
les Cosaques ne peuuent passer dans leurs batteaux qu'auec peine & beaucoup de
danger ; il a treize de ces cascades, quelques vnes desquelles sont de douze &
quinze pieds quand les eaües sont fort basses : & pour estre reconnu pour vray Co-
saque Zaparouski, il faut les auoir passé, & auoir par consequent fait vn
voyage sur la mer Noire ; de mesme que pour estre receu à Malthe aux digni-
tez de l'Ordre, il faut auoir fait sa catauane contre les Turcs. Par de là les
Porouis du Boristene il y a diuerses Isles, desquelles il y en a vne entr'autre,
au dessous de la riuiere de Chertomelick, enuironnée de plus de deux mil autres petites isles, dont les vnes sont seches & les autres marescageuses &
toutes couuertes de roseaux, ce qui fait qu'on ne peut pas discerner les canaux
qui les separent ; c'est en cét endroit & dans tous ces détours que les Cosaques
font leur retraitte, qu'ils appellent Skarbucca Vvoyscowa, c'est à dire tresor de

l'Armée, y ferrant leur butin qu'ils font dans leurs courfes de la mer noire, & l'accez en eft fi difficile & fi dangereux, que plufieurs Galeres Turcques, les pourfuiuant, s'y font perdües.

C'eft auffi leur place d'affemblée quand ils vôt en courfe, car apres auoir efleu entr'eux vn General pour les côduire & cômander en cette expedition, ils trauaillent à faire leurs Batteaux, qui font de foixante pieds de long & de dix ou douze de large; ils font fans quille & baftis feulement fur vn canot de bois de faulx ou de tillet, bordé & rehauffé de planches qu'ils cheuillent les vnes fur les autres. Ils y mettent deux Auirons pour les mieux virer lorfqu'ils font obligez de fuir, & garniffent le cofté de cordons ou gerbes de rofeaux, gros comme vn Baril, pour fouftenir leur Bateau fur la vague. Ils ont ordinairement douze ou quinze rames à chaque bord, & vont plus vifte que les Galeres des Turcs. Ils ont vne mefchante voile, & ils ne s'en feruent que de beau têps, aymant mieux ramer, mêmes quand il fait grand vent. Pour ce qui eft des prouifions qu'ils portent auec eux, ils prennent du bifcuit dans vne tonne, & l'en tirent par le bondon à mefure qu'ils en ont befoing ; auec cela ils ont vn baril de milet boüilly & vn autre de pafte leuée & détrempée auec de l'eau, qu'ils mangent meflées auec le milet, cela leur fert de manger & de boire tout enfemble, & d'vn gouft fort delicieux. Ils ne portent ny eau de vie, ny aucune autre liqueur forte, car quoy que cette Nation foit auffi fujette à l'yurognerie que les autres du Septentrion, elle ne laiffe pas de garder vne extrême fobrieté dans fes entreprifes. Ils s'affemblent ordinairement cinq ou fix mil hommes, & apres s'eftre mis vne foixantaine à faire vn Bateau, ils en mettent quatre-vingts ou cent en etat en trois femaines ; Ils fe mettent cinquante ou foixante dans chaque Bateau, chaque Soldat à deux Fuzils & vn Sabre, & cinq ou fix Fouconneaux pour leur Artillerie, & la munition neceffaire. L'Amiral a vne banderolle à fon maft pour le diftinguer ; ils marchent enfemble, & fi fort ferrez, que leurs auirons s'entretouchent. Ils attendent, pour fortir du Boriftene, la fin de la Lune, pour n'eftre point, pendant vne nuit fombre, apperceus des Galeres Turquefques qui fe tiennent à Oczakow ville du Turc fur l'embouchure de ce fleuue où elles fe tiennent ordinairement pour les obferuer. Si toft qu'on les a defcouuerts l'alarme court en mefme temps par tout le pays, & va iufques à Conftantinople, d'où l'on depefche des Couriers fur toutes les Coftes de la Natolie, Romanie & Bulgarie, afin que chacun fe tienne fur fes gardes ; mais la diligence des Cofaques eft telle, qu'ils preuiennent fouuent tous les Couriers qui portent la nouuelle de leur venuë, prenans fi bien leur temps, & la faifon fi à propos, qu'ils fe rendent en 4. heures en Natolie. Quand ils rencontrent quelques Galeres ou Vaiffeaux, qu'ils peuuent defcouurir bien mieux de loing qu'ils ne font defcouuers, leurs batteaux n'ayans que deux pieds & demy fur l'eau ; ils en approchent iufques au foir, & à la diftance d'vne lieuë ou enuiron, puis, apres auoir bien remarqué l'endroit où ils ont veu le Vaiffeau, ils recommancent à ramer fur la minuict à toutes rames, & en vn moment fe trouuent deffous & le prennent d'emblée, n'eftant pas poffible qu'vn Nauire fe deffende contre cette multitude de batteaux qui l'attaquent en mefme temps; ils en enleuent l'argent, le Canon & toutes les marchandifes qui fe peuuent aifément tranfporter, puis coulent le Vaiffeau & les hommes à fonds, n'eftans pas affez habiles Mariniers pour l'emmener; mais fi ils ont cét auantage fur les Galeres & fur les Vaiffeaux de nuict, auffi ceux-cy leur rendent bien le change de iour, car les rencontrant ils les efcartent à grands coups de Canon & leur tuent beaucoup de monde, lorfqu'ils fe veulent acharner au combat, d'où ils ne ramenent fouuent que la moitié de leur équipage ; il eft vray qu'ils ne peuuent iamais eftre attrapez, fe retirans, quand ils font pourfuiuis, vers les bords de cette mer pleine de rofeaux, où les Galeres ne peuuent aller. Le grand Seigneur s'eft fouuent

plaint de leurs pirateries, au Roy de Pologne, qui ne luy en a iamais fait plus
de raison qu'il en a eu du Turc sur les incursions des Tartares, ausquels Dieu
ne pouuoit pas susciter d'ennemis plus sortables que les Cosaques.

Apres auoir parlé de leur maniere de faire la guerre sur mer, suit de toucher quelque chose de celle de terre, de leurs mœurs & Religion. Les Cosaques
sont meilleurs hommes de pied que de Cheual ; ils sont fort patients & de grande fatigue, obeïssans à leur Chef, & extrememement adroits à remuer la terre
& à se retrancher, non seulement de cette façon, mais auec leurs Chariots,
lorsqu'ils marchent : & ils sont si forts derriere ce retranchement ambulatoire,
dont l'vsage est absolument necessaire dans ces grandes Plaines desertes, où
les Tartares rodent tousiours, que mil Cosaques, ainsi couuerts de leurs Chariots, feront teste à six mil Tartares, lesquels ne descendans guere de Cheual, sont arrestez par la moindre barricade ou fossé ; Il est mal-aisé de faire,
en d'autre pays qu'en Pologne, ainsi marcher vne Armée au milieu de ces
Chariots, n'y ayant point de pays plus plat & auec moins de fossez, que celuy-là.

* En langue
Russe.

Le pays habité par les Cosaques s'appelle Vkraine, qui veut dire * Frontiere, c'est tout ce qui s'estend au de-là de la Volhinie, Russie & Podolie, & qui
a esté peuplée depuis soixante ans. Dans cette derniere guerre ils se sont
rendus Maistres de la Russie-noire ; Tout ce pays commence depuis le cin-
quante-vn degré de latitude, & descend iusques au quarante huit, où il ne se trouue plus que des Plaines desertes, iusques à la mer Noire, qui sont toutes couuertes
d'herbages, si hautes, que on n'y peut pas à peine estre veu à Cheual.

L'Vkraine est vn pays tres-fertil, ainsi que la Russie & la Podolie, & la terre
auec vn peu de labour produit tant de grains de toutes sortes, qu'ils ne sçauent
qu'en faire la plus part du temps, leurs Riuieres n'estant point nauigeables, Ils
ont aussi de toutes sortes de betail, de gibier & de poisson en abondance, il ne leur
manque que du vin, & du sel ; Le premier leur vient de Hongrie, Transiluanie,
Valachie, & Moldauie, & puis leur biere, & l'eau de vie qu'ils font de grain, y
supplée ; pour le sel ils le tirent des mines d'auprés Crakouie, ou du Poccoliche, qui
est vne contrée des appartenances de Pologne, tenant à la Transiluanie où l'eau
de la plus-part des puits est salée ; ils la font bouïllir comme l'on fait en France
le sel blanc, & en font de petits pains deux fois gros comme le poulce ; ce sel est
agreable à manger, mais il ne sale pas tant que le sel de Brouage ; Toutes les maisons de ce pays-là sont de bois, de mesme qu'en Pologne & Moscouie ; les murailles de leur ville ne sont que de terre, qu'ils soustiennent de pieux auec des planches
à costé, comme nous faisons les Bastardeaux ; cela est vn peu suiet au feu, mais elles resistent mieux aux coups de canon, que les murs maçonnez. Les principales riuieres de ce pays sont le Nieper ou Boristene, le Boy, le Niester autrefois appellé Tiras, qui borne la Valachie, la Desna, le Rec, le Ster, & autres petites riuieres dont la quantité fait assez iuger de la bonté de ces pays. Les villes les
plus considerables, que les Cosaques occupent à present, sont Kiouie ville ancienne de Russie, où il y a vn Palatin, vne Eglise Metropolitaine Grecque, &
vne Vniuersité, Blala cerkiew, Corsun, Constinowa, Bar, Ciwkassi, Cziuin
qui est la derniere place du costé de la petite Tartarie, Sampol passage sur le
Niester, Braclaw sur le bas Palatinat, Czernichow, autre Palatinat sur la frontiere de Moscouie, & il n'y a point de bourgade qui ne soit fortifiée, & qui du
moins n'ait vn fossé pour resister aux Tartares, qui les viennent visiter souuent.
Ils sont fort incommodez en ce pays-là des mouches, qui piequent tellement
que l'on en a le visage tout enleué, si l'on ne s'accoustume à coucher sous vn Pol-
tené, qui est vne espece de hute que l'on fait exprés, à peu prés comme celle
de nos Soldats, & que l'on couure d'vn drap de toile de corton, dont on
s'enueloppe, & qu'on fait reborder sous le matelas, afin qu'il n'y reste au-

† ij

cune ouuerture, mais ils sont bien plus incommodez des sauterelles, qui leur viennent en quelques années; mais principalement quand le temps est fort sec:
elles sont poussées par vn vent d'Est ou Sudest de la Tartane, Circassie & Mingre-
lie, qui n'en sont point presque iamais exemptes; elles vont par nuées qui ont cinq
ou six lieux de long, & trois ou quatre de large, & qui obscurcissent tellement
l'air, que le plus beau temps en deuient sombre aux endroits ou elles s'arrestent:
elles moissonnent les bleds en moins de deux heures, ce qui cause la cherté, &
quelquefois la famine dans le pays; ces animaux-là ne viuent que six mois aux
lieux ou ils demeurent; en Automne ils pondent leurs œufs, dont chacun en
fait bien trois cens, qui esclosent au Printemps ensuiuant, lequel estant sec, ils
font par cette multiplication, encore plus de rauage que l'année d'auparauant, les
grandes pluyes les font mourir & empeschent les œufs de s'esclore; les cochons
ayment fort ces œufs, & seruent à en purger les champs, ces œufs se tiennent par
roufes, comme l'espy du bled de Turquie, dont ils portent la couleur & figure, & il
n'y a que ce moyen-là pour en déliurer les contrées, ou bien le vent lors qu'il vient
du Nordouest ou Nort, & qu'il les chasse dans la mer Noire, quand ces sauterelles ne font que naistre & qu'elles n'ont point encore les aisles assez fortes
pour voler, elles entrent dans les maisons, se mettent dans les lits, sur les
tables & dans les viandes, de sorte que l'on ne peut manger sans en aualer; la
nuit lors qu'elles se reposent tous les chemins en sont couuerts de plus de quatre
pouces, & quand la roue d'vn chariot vient à passer dessus, il en sort vne odeur
si puante, qu'à peine la peut-on souffrir, principalement quelque temps apres lors
qu'elles se sont corrompuës.

La Langue des Russes & Cosaques est vn dialecte de la Polonoise, elle est
pleine de diminutifs, & passe en Pologne pour fort delicate & mignarde. Les
Russes sont affligez d'vne maladie qui leur est particuliere, appellée par les Medecins Plica, & en langue du pays Goschest, ceux qui en sont attaquez demeurent vn an perclus de tous leurs membres, comme paralitiques, sentant de
grandes douleurs dans les nerfs; apres ce temps-là il leur vient en vne nuit vne
grande sueur de teste, de sorte que le matin en se leuant ils trouuent tous
leurs cheueux collez ensemble, alors ils se sentent fort soulagez, & quelques
iours aprés sont entierement gueris de cette paralisie; mais leurs cheueux demeurent entortillez, & si dans ce moment ils se les faisoient couper, l'humeur qui
se purge par les pores de la teste & ces cheueux leur tomberoient sur la veuë, & les
rendroit aueugles: cette maladie est estimée dans le pays incurable, mais des François qui y ont esté en ont guery, en les traittant comme de la verole, quelques vns
s'en guerissent aussi imperceptiblement, & par le changement d'air en passant en
vn autre pays.

Leur Religion est la Grecque Schismatique, receuë en ce pays-là, en l'an 942.
du regne de Volodomir Prince de Russie. Les deux Russies obeyssoient pour lors
au mesme Seigneur: la plus part de la Noblesse fait profession de la Religion Catholique Romaine, il y a aussi beaucoup de Caluinistes, & quelques Lutheriens.

Les principales erreurs de la Religion Grecque sont qu'ils n'admettent point
la procession du S. Esprit, du Pere & du Fils, mais du Pere seulement, parce
qu'ils croyent que le faisant proceder du Pere & du Fils tout ensemble, cela
supposeroit en luy vne double volonté & vn double intellect.

Ils nient le Purgatoire, disant qu'aprés cette vie chacun selon ses actions va
attendre le tour du Iugement, les bons dans les lieux agreables & delicieux
auec les bons esprits, & les meschans dans les demeures affreuses & terribles auec
les Demons, se fondant sur ce passage, *Venite benedicti Patris mei possidete regnum
cœlorum, &c. & ite maledicti in ignem æternum*, qui marque qu'il n'y a point eu,
& n'y aura point d'autre iugement que celuy-là, puisque l'on ne prononce pas
deux Sentences aux mesmes criminels.

Ils reiettent le celibat des Prestres, & n'en reçoiuent point qu'ils ne soient mariez, croyant que les Prestres Catholiques Romains soient Anathêmes, par le Concile tenu à Gangre où il est dit au 4. Canon, *Qui spernit sacerdotem secundum legem vxorem habentem, dicens quòd non liceat de manibus eius sacramentum sumere, anathema sit*, & en vn autre endroit, *Omnis sacerdos aut Diaconus propriam vxorem dimittens sacerdotio priuetur*, & ils tiennent le mariage si essentiel à la Prestrise, qu'vn Prestre deuenant veuf ne peut faire aucune fonction Sacerdotale; les Prestres sont tirez ordinairement des Cloistres, où l'on prend les plus capables, & ceux qui ont le plus de temps seruy à l'Eglise.

Ils ne veulent point recouoir les Conciles d'autres que ceux qui se sont tenus depuis le 7. œcumenique, qui fut assemblé sous le Pape Adrian, dans lequel ils disent qu'il fust arresté, que les choses decidées & resolues dans les precedens Conciles iusques à celuy-là demeureroient fermes & stables à perpetuité, & qu'à l'aduenir quiconque tiendroit d'autre Concile, ou l'y trouueroit, seroit Anathême, de sorte qu'ils trouuent tout ce qui s'est fait dans l'Eglise depuis ce temps-là pour heretique & corrompu; les Docteurs, dont ils suiuent la doctrine, sont S. Basile le Grand, S. Gregoire de Nazianzene, & S. Iean Chrysostome : ils lisent aussi les Morales de S. Gregoire le Grand, & ont en veneration & opinion de sainteté tous les les Papes qui ont precedé le 7. Concile.

Ils celebrent leur Messe en langue Esclauonne, y entremeslans quelques Hymnes Grecques : ils consacrent du pain auec le leuain, & trouuent estrange que les Prestres Romains vsent de pain sans leuain, & suiuent en cela les Iuifs, desquels n'ayant retenu ny le Sabat, ny la Circoncision, il semble, disent-ils, que nous ne deuons pas les imiter en ce point, outre qu'il est dit formellemêt, que quand I. C. fit la Cene, *accepit panem*, & que cela ne se doit entendre que du pain ordinaire, & non du pain sans leuain, puisque les Iuifs ne le mangeoient qu'estant debout, lors qu'ils faisoient leurs Pasques, dont, adjoustent-ils, nostre Seigneur qui estoit couché, *Recumbentibus duodecim*, &c. ne mangeoit point de pain sans leuain, ny ne faisoit point la Pasque, mais vn autre repas.

Ils inuoquent les Saints comme les Catholiques, la Vierge & les Apostres, dont ils solemnisent les Festes, mais sur tout S. Nicolas qu'ils honorent auec vn culte tout diuin, & qui va iusques à l'Idolatrie.

Leurs autres Sacremens different peu des nostres, la difference qu'il y a dans l'Eucharistie, c'est qu'ils communient le peuple sous les deux especes, & donnent ce Sacrement aux enfans dès l'aage de trois ans : ils ont des Hosties à part pour les malades, qu'ils consacrent la Semaine Sainte : leurs iusnes sont plus frequens & plus austeres que les nostres, s'abstenant non seulement de chair, mais de beurre, laict, fromage, œufs, & mesme de poisson, & ne viuant que de choux, raues, champignons, & autres legumes; il y en a de si deuots, qu'ils iusnent au pain & à l'eau; ils ont quatre sortes de iesnes durant l'année; le premier qui respond à nostre Caresme, dure sept semaines; le second commance depuis l'Octaue de la Pentecoste, & finit à la Vigile de S. Pierre & S. Paul; le troisiéme dure depuis le premier Aoust iusques à l'Assomption de la Vierge, & le dernier est pendant l'Aduent, qu'ils commencent quinze iours plustost que le nostre : ils obseruent aussi vne pareille abstinence tous les Mercredys & Vendredys de l'année, car ils ne ieusnent point le Samedy comme nous, mais le Mercredy ils s'abstiennent de viande.

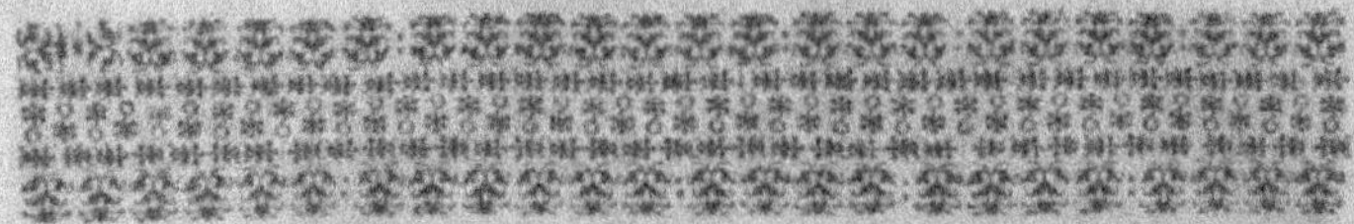

RELATION
DES TARTARES,
PERCOPITES ET NOGAIES,
DES CIRCASSIENS, MANGRELIENS,
ET GEOGRIENS.

PAR IEAN DE LVCA RELIGIEVX DE L'ORDRE
de Saint Dominique.

E fais icy vne Relation succinte des pays que i'ay parcouru à l'occasion d'vne Mission en Tartarie , & aux Circassiens, où i'ay esté employé. Le peu de temps qui me reste de mes occupations ne me permet pas de faire cette Relation aussi estenduë & particuliere que ie l'aurois souhaitté : mais on se peut asseurer que la verité , qui est la partie la plus importante , se trouuera dans celle-cy ; car ie n'y mettray que les choses dont ie seray asseuré par le témoignage de mes yeux.

Les postilles & ce qui est comme en caractere italique, sõt des remarques d'vn Polonois qui a esté long-temps dans le pays.

On appelle Tartares Percopites ceux qui habitent cette presqu'Isle , que la mer Majeure ou la mer Noire fait d'vn costé , & le Limen ou marest Meotide de l'autre ; Ils la nomment Crim , elle tient à la terre ferme par vn Isthme ou gorge de demie lieuë de largeur , a 700. milles de circuit, & contient 80. milles Coï : Coï signifie vn Village , ou plustost vn Puits , car chaque Village a le sien. Il y a sept Villes dont la principale est Caffa , les autres sont Criminda, Carasu, Bachatarai, Giusleue, Baluchelaua, Chierche, *Mancop*, qui obeïssent toutes au grand Can des Tartares ; on appelle son Fils Deule-cehere Sultan ; *Deule est son nom propre, Zirei celuy de la famille tres-ancienne, & qui regne depuis longtemps dans ce pays*; Sa mere s'appelle Anna Bei, la femme Banibichile. Le grand Turc met vn Bacha dans la Ville de Caffa , mais il n'a que voit hors des murailles ; le Can de Tartarie estant reconnu dans toute la Campagne. Ce Prince prend entre ses titres celuy de Roy des Tartares, des Nogayes, de la Circassie, de Malibase, & de la grande Tartarie. Les bornes de la Tartarie *-mineure sont d'vn costé partie de la Russie , où le Danube entre dans la Mer : de l'autre la mer Noire , & du costé du Leuant , le Limen ou marest-Meotide & la Moscouie vers le Nort.

Perekop en langage des Russes signifie vne Ville. Or en langage Tartare signifie la mesme chose, c'est aussi de là que l'õ tire l'étimologie de leurs hordes.

** Les Geographes appellent cette partie de la Tartarie, Tartaria Præcopia.*

C'est vn pays de Plaines fort froides , à cause des vents ausquels elles sont exposées , n'y ayant rien qui les couure ; Il y a quatre riuieres , mais elles ne sont pas fort considerables , l'on ne conte au nombre de ces riuieres l'Exi*, qui est hors de la presqu'Isle , & passe au de-là de Percope ou de la Ville par laquelle on entre de la Terre ferme dans la presqu'Isle. L'Exi n'a point de Ponts ; pour les autres Riuieres on les peut passer à gué fort aisément, mais non pas au temps des grandes eaues. L'vne de ces petites riuieres se nom-

** Les Tartares le nõment Olu, les Russes Nieper, les...*

me Alma, l'autre Cabarta, la troisiesme Beiesula, ou *Kacia*: la quatriesme *Carasu*, qui a vn Pont de bois, & passe dans la Ville de Caratu, laquelle, depuis peu d'an-nées, a esté endommagée du desbordement de cette Riuiere. Les Tartares font labourer les champs par leurs Esclaues, receüillent du froment & du millet en grande quantité; la charretée de bled, autant qu'en peuuent tirer deux Bœufs, n'y vaut que deux Escus. Il y a de fort beaux pasturages, force bestail, Vaches, Brebis, Cheuaux, grands Chameaux à deux bosses, & quantité de Volailles; les viures y sont à si grand marché, qu'on donne quinze œufs pour vn aspre ou deux liards, & vne Poule pour deux sols. Les eaües y sont bonnes, mais encore meil-leurs prés de la Mer que dans la Plaine. Il se pesche vne merueilleuse quantité de poisson le long de la coste de la Mer, & dans le Marests: si bien qu'il est encore à meilleur marché que la viande. Le Cauial ne vaut que deux sols la liure, & l'on a l'Esturgeon, qu'ils nomment Morona, & qui pesera quelquefois plus de 80. li-ures, pour vn Sequin.

Latins Basisenes.

Ils ont aussi des fruits, comme des Poires, des Pommes, des Prunes, des Ce-rises, & des Noix; mais c'est prés de la Mer, car il ne croist point d'arbres dans la Plaine, si ce n'est le long des Riuieres.

Il y a enco-re des Pes-ches & d'au-tres sortes de fruits prés des Ri-uieres & de Bachtsarai.

Le Sel dont ils se seruent se congele dans les Marests, & on l'amasse sans aucun trauail, cha-cun ayant la liberté d'en prendre ce qui luy en faut. On y fait grande quantité d'Hui-le de terre, que nous appellons Huile de Caillou. Les Tulippes, qu'ils nomment Lale, sont les fleurs les plus communes de leurs prés Il n'y a point de bestes feroces, mais bien, grande quantité de Lièures, qu'ils prennent auec de fort bons Leuriers, qu'ils esleuent dans le pays; Ils les prennent aussi auec des Faucons, ils les nom-ment *Dogan*, qui leur viennent du pays des Abassa. Le vin à la verité y est fort cher, aussi-bien que l'Huile d'Oliue.

Ils estiment principale-ment, pour leurs Escu-ries, les Che-uaux sauua-ges dont il y a beaucoup dás le pays.

Les Tartares Percopites mangent peu de pain, mais beaucoup de chair, prin-cipalement de celle de Cheual, si vn Murse ou Seigneur du pays fait vn festin, la chere ne seroit pas entiere, si l'on n'y seruoit vn jeune Poulain, cette chair estant aussi ordinaire parmy eux, que le Bœuf & le Mouton le sont ailleurs. Leur breu-uage est fait du laict de Caualle, qu'ils nomment Chimus & Boza, qui est vn breuuage fait auec farine de Millet; l'vn & l'autre enyure comme nostre vin: le Chimus, ou Boza, se prepare de la maniere suiuante.

Komlis Boza en lan-gue Tartare; Braha en Russien.

Après que la Caualle a mis bas, ils laissent terter son Poulain vn mois durant, & après ce temps ils attachent sur le nez du Poulain des pointes de bois, afin que lorsqu'il veut terter, la Caualle en soit piquée, & ne le puisse souffrir: cependant ils tirent le laict, & le mettent dans vn vaisseau où il y a eu du vin (lorsqu'ils en peuuent auoir) on passe le laict en le mettant dans ce Vaisseau, & on le bouche soigneusement, on y met apres 20. ou 30. grains d'Orge auec vne cueillerée de laict aigre de Vache, ou bien vn peu de leuain. Il faut mettre le Vaisseau, durant ce temps, proche du feu, ou au Soleil, afin que le laict boüille & qu'il s'esclaircis-se: ce qui arriue dans l'espace de deux ou trois semaines; & si vous y adjoustez vn peu de vin, la boisson en sera plus agreable. Le laict estant épuré de la sorte, vous le ferez passer par vne toille fine auparauant que d'en boire; Celuy que l'on fait au printemps, est meilleur qu'en quelqu'autre temps de l'année. Cette boisson vous durera long-temps, car à mesure que vous en tirez, vous pouuez tou-jours adjouster du laict nouueau. Remarquez aussi, que si le laict, de luy-mesme, vous semble assez aigre, il ne sera pas necessaire d'y adjouster du laict aigre de Va-che, ou du leuain, mais seulement des grains d'Orge; pour le plus seur il en faut faire en differens Vaisseaux. Vous pourrez mesme, dans quelques-vns mettre vn noüet de racines de violette, ou de feüilles de coriande. L'on peut traire la Cauall-le dix fois par iour, mais il la faut nourrir cependant de bonnes herbes.

La maniere de preparer le Chomus est vne des additions du Gëul-hom-me Polonois qui a esté long-temps Esclaue en Tartarie; il tenoit cette boisson fort saine & d'vn grád secours pour les per-sonnes lan-guissantes.

Dans leurs festins, ils choisissent vne personne de la trouppe pour donner à boire; ils nomment celuy qui a ce soin Cadax; il commence par le principal de la compa-

La graine de Coriande a meilleur goust que la feuille.

gnie, faisant apres la ronde, auec la tasse esgalement plaine, afin que tous l'en-
yuient esgalement. Ils mangent à terre arrangez en rond sur des Tapits, ou
Nattes: leurs Tables sont rondes, couuertes de cuir. Entr'autres plats, on leur
sert des Potages faits de farine de Millet & de laict aigre, qu'ils nomment Cha-
chiche ou Katuk, sans herbes, car l'herbe, disent-ils, est pour les Cheuaux; quoy
qu'ils ayent beaucoup de laict ils font mal leurs fromages.* & les gardent dans des
Outres. Ils reçoiuent bien les Estrangers; quand quelqu'vn arriue dans vn Village, il va droit à la Mosquée, où on luy porte des viures: & si c'est vne personne de
leur connoissance, ils le logent chez eux, y ayant en toutes leurs maisons, quelque
lieu destiné pour receuoir les Estrangers.

Les Nogais font des fromages de laict de Iumens, mais font peu.

Quand ils prennent vne fille en chapin, ou mariage, le Coggia y assiste
auec trois tesmoins: la fille choisit & demande ce qu'elle veut pour son doüaire, le
mary & ses parens taschent de luy donner le moins qu'ils peuuent; le Coggia escrit les choses qu'ils ont promis de donner, & prend le nom des tesmoins;
les réjouissances de ces mariages durent trois iours: ils les accompagnent
d'instruments de Musique, qu'ils nomment Ciongur, & qui ressemblent assez à
nos Guitares. Ils prennent autant de femmes qu'ils en peuuent nourrir, & auec cela leurs Esclaues, qu'ils appellent *Cuma*, c'est à dire, Concubines; les personnes de
basse condition trafiquent mesmes souuent des enfans qu'ils ont de ces secondes
femmes ou Concubines.

Leurs mariages.

Coggia Docteur ou Prestre de leur Loy.

Ils sont ordinairement en guerre auec les Polonois, les Russes, les Moscouites,
les Circassias, les Moldaues & les Hongrois, & font beaucoup d'Esclaues sur ces
Nations: ils ne connoissent point d'autre mestier que celuy de la guerre, la longue
experience qu'ils en ont leur a appris tous les secrets de cét art.

Ils font quelquesfois plus de cent mil Cheuaux & font des marches de 4. mois
sans bagage, tousiours dans les deserts, car ils trouuent tout le pays abandonné,
tout le monde s'enfuit deuant eux: auec cela, ils font ces marches, ou courses, auec
grande facilité, chacun portant sur son Cheual de la farine d'Orge, ou de
millet, qu'ils nomment *Tolcan*; ils le mettent premierement au four, & puis en
font de la farine qu'ils gardent dans vn sac de cuir: ils s'en seruent pour faire leur
breuuage, y meslant vn peu de sel auec de l'eau: ce breuuage ressemble à vne pan-
nade, & dans la necessité, il leur sert aussi de nourriture; ils portent encore leur
prouision de biscuit auec du Cuscum, qui est vne paste en forme de petit biscuit,
fritte dans du beurre; ils prennent garde, sur tout, à ne point trop charger leurs
Cheuaux, dont ils ont plus de soin que de leur propre personne; c'est vn prouerbe entr'eux, que perdre son Cheual c'est perdre sa teste. Leurs Cheuaux sont fort
accoustumez à la fatigue, petits & maigres, pour la pluspart, si ce n'est ceux des
Mursa ou Seigneurs du pays, qui en ont de tres-beaux & de grande vigueur; ils ne
les tiennent iamais dans les Escuries, mais les laissent tousiours à la Campagne,
mesme l'Hyuer, quand tout est couuert de Neige & de Glace, car les Cheuaux la
détournent auec leurs pieds, & paissent l'herbe, ou les racines qu'ils trouuent dessous. Leurs selles sont fort legeres & leurs seruent à diuers vsages; le dessous
qu'ils nomment *Turghieto*, est d'vne estoffe de laine pressée ou feutre qui leur
sert de Mattelas, ou lict; le fond de la selle leur sert d'oreiller, & leur Manteau,
qu'ils nomment *Capagi* ou *Tapenoi*, de pauillon ou tente; car chaque Caualier porte des piquets, qui estant dressez, & le Manteau estendu dessus, leur sert de couuert & de maison.

Ils la nomment Pekmez.

Ils sont diuisez par dixaines, chaque dixaine a vn chaudron pour faire
boüillir sa viande, vn petit Tambour, qu'ils portent à l'arçon de la selle,
chacun vn sisler pour se rassembler dans les occasions, & vne iatte
ou escuelle de bois ou de cuiure, pour boire, & qui est assez grande pour
faire boire aussi son Cheual, dans la necessité; vn fouet, vn cousteau, vne
alaine, auec de la filselle, du fil, des eguillettes de cuir pour s'en seruir au besoin,

Ils l'appellent Tolambas.

s'il se rompoit quelque chose à leur selle ou à leurs estriers, & des cordelettes de cuir preparé en sorte qu'elles ne rompent que tres-difficilement, pour lier les Esclaues qu'ils font, ils sont fort bien à Cheual, cheuauchent court, afin, disent-ils, qu'en appuyant mieux dessus les estriers, ils soient plus fermes à Cheual. Leurs armes sont l'Arc & le Cimeterre; ils se seruent de Casques faits de mailles, qui sont fort estimez en Tartarie; tiennent la bride de leur Cheual auec vn doigt de la main gauche, leur Arc de la mesme main, & de la droite ils tirent les Fleches: ce qu'ils font deuant & derriere fort promptement. Leurs courses se font en Hyuer, parce que dans ce temps, les riuieres estant glacées, elles ne leur empeschent point de s'estendre; ils ne laissent pas de les passer en Esté, car ne pouuant trouuer de Batteaux, ils lient des faisseaux de paille, se mettent dessus auec leur selle & leurs hardes, & se font tirer à nage de l'autre costé de la riuiere par leurs Cheuaux, ausquels ils les attachent: la veille du iour qu'ils commencent leurs courses, ils ne donnent point à manger à leurs Cheuaux, estant persuadez qu'ils en supporteront mieux la fatigue. Ne vont pas tous en mesme temps à la petite guerre; mais de dix, par exemple, il n'y en va que cinq, les autres demeurent à la garde ou du Chan, ou du General. Ils partagent également le butin au retour, & en donnent la dixiesme partie au Chan; le Cham n'a point de trouppes entretenuës, si ce n'est 500. *Semeni* ou Arquebusiers, qui luy seruent de Gardes; les personnes de condition portent vne tente: ils sont vestus comme les Polonois, & portent des bonnets d'Escarlatte doublez de quelque fourure, qu'ils nomment *Barchi* ou *Burk*. Les riches en ont de Renard noir, & de Marte, les Princes en ont de Martes Zebelines, chacun selon ses facultez. Leur plus grand trafic est d'Esclaues des Nations auec qui ils ont la guerre, grande quantité de vin, de beurre, & de suif, & prés de la mer, beaucoup de poisson & de Cauiale.

Les Villes des Percopites les plus marchandes, & de plus grand abord, sont Caffa, Corasu, Turlerie, *Kozlou* & *Bachaserai*: il y a tousiours en ces lieux des Esclaues à vendre; les Turcs, les Arabes, les Iuits, les Armeniens & les Grecs les achetent; car il y a de toutes ces Nations en ce pays, qui payent tribut au Roy Tartare, & au Bacha. Ils empâlent les Assassins, l'on pend les Larrons. Leurs procez, en matieres ciuiles, se decident par tesmoins, & par les Sentences de leurs *Cadisters*, c'est à dire, Iuges generaux; ces Sentences s'executent sur le champ sans appel; il y a cela de bon dans cette Iustice militaire, que l'on empâle sans remission les faux-resmoins. Les Percopites sont fort grands Obseruateurs de leur Religion, & vont à leur *Namas* ou *Mosquées* cinq fois le iour: taschent d'obliger leurs Esclaues à se faire Mahometans, leurs promettant la liberté à cette condition, & par ce moyen ils en attirent plusieurs. Font beaucoup de charitez aux Voyageurs. Ils enseuelissent leurs morts dans les *Tabus* ou *Bieres* de bois, leur couurant le visage d'vne sorte de toille, qu'ils nomment *Chesi*: & quand ils les portent en terre, le Coggia les accompagne auec les parents, & les mettent dans vne fosse profonde; les assistans iettent dessus vn peu de terre, disant *Alla rahamet hila*, c'est à dire, que Dieu luy pardonne: & puis ils mettent vne grande pierre sur la teste du mort, & vne autre à ses pieds, & par dessus des Espines & des pierres, de peur que les bestes ne le deterrent. Aux filles, ils mettent aux pieds & à la teste des branches d'arbres auec des rubans de diuerses couleurs, ou des bouquets de fleurs. Pour monnoye ils ont des Aspres, qui sont moitié d'argent, & moitié de cuiure, des Reales d'Espagne, & des Thalers de l'Empire; ils se seruent aussi de monnoye de Pologne & de Moscouie, des Hongres, des Sequins de Venise, & des monnoies d'Or qui ont cours en Turquie.

Leurs Bastiments ne valent pas grand chose, les meilleurs sont faits ordinairement de pierres & de mortier: il y en a beaucoup de bois & couuerts de planches, d'autres de pieux fichez en terre, ausquels on entrelasse des branches d'arbres, & qu'on couure de paille; mais ils ont de plus vne espece de maisons pour l'Esté, qui se vendent au marché; ce sont des Cabanes d'Osier rondes, qui se mettent sur des roües, car l'Esté ils n'ont point de demeure fixe, & charient ces maisons où ils trouuent de l'herbe. Ils parlent Turc, il est vray qu'ils ont quelques mots particuliers, & qu'ils parlent plus viste que les Turcs. Le Roy a cinq Serails, & le Sultan deux; l'vn en la Ville où il fait sa residence, qui est *Bacciasaras*, l'autre à *Tullada*, vn autre à *Siuirenda*, vn dans *Alma*, & vn autre à *Brieplada*. Chacun de ces Serails a enuiron vn mille de circuit, & est entouré d'vne haute muraille, mais peu forte; les portes en sont de fer, les appartemens qu'elles ferment sont dorez & peints au dedans de belles couleurs. Les Serails du Sultan sont à Achemaciate.

Les plus beaux Villages sont prés de la mer, les Cancali, qui sont les domestiques du Roy, demeurent dans les creux ou cauernes des montagnes; là est vne Ville imprenable, nommée *Mancup* bastie sur vne montagne, qui est habitée de Iuifs, le Gouuerneur est Tartare; c'est là où sont toutes les richesses des Chams, & où ils se retirent, quand il se fait quelque reuolution dans le pays; ce qui arriue assez souuent, car le grand Turc, par les intelligences qu'il a dans le pays, leur a souuent enuahy par là vne grande partie de ce pays, & les tient à sa disposition.

Lorsque quelque Prince du sang royal, qui est la famille de *Zierei*, vient à mourir, il fait venir tous ses enfans, & les tient comme prisonniers à Rhode, leur donnant vne certaine pension par mois, pour leur entretien: & quand le Roy Tartare ne veut pas obeir à ses commandemens, il enuoye vn de ces Princes auec des trouppes par mer & par terre, & le despouille de son Royaume; & encore qu'il se puisse deffendre quelque temps, neantmoins à la fin le grand Turc demeure tousiours le Maistre; il tient ainsi ces Roys en subjection, leur faisant faire ce qu'il veut; auec tout cela ils ne luy payent point de tribut, au contraire le grand Seigneur leur enuoye tous les ans le chilcice & caffera, pour les obliger, par cét interest, à demeurer à son seruice, & ne laisse pas de leur demander des Esclaues en recompense. Si le Turc ne possedoit point la principale Ville de cét Estat, qui est Caffa, le Tartare ne le craindroit guere, se deliureroit aisément de cette subjection, & ne se soûmettroit pas à de si dures loix. Caffa est plus grande que Messine, & a esté bastie par la Seigneurie de Gennes, lorsqu'elle possedoit la mer-Noire, comme aussi *Baleuchelaua & Chrea*; il y a 150. ans qu'ils en sont sortis, suiuant l'inscription qu'on voit sur sa porte; elle est forte, enceinte de bonnes murailles, & bien garnie d'artillerie, auec vne bonne garnison de Turcs, sçauoir de Spaix, Iannissaires, & deux autre sorte de milice que le grand Turc tient en garnison dans ses Forteresses; les habitans Grecs, Armeniens, & Iuifs payent tribut.

Les Tartares Nogayes habitent hors de cette presqu'Isle, & confinent auec la Russie, la Moscouie, & la Circassie. Leur pays est grand, dont vne partie est en l'Europe, & l'autre dans l'Asie; car les vns sont en deçà du marest-Meotide, & ceux d'Asie sont au de-là des mesmes marests-Meotides.

Les Tartares n'ont point de Villes, mais grand nombre de maisons, ou cabanes qu'ils mettent sur des Chariots; ils obeissent à des Princes particuliers qu'ils nomment *Cantemir*, *Columbei*, *Chanachi-murfa*. Les Nogayes peuuent faire en tout cinquante mil hommes de Cheual, sont Mahometans, mais ils n'obseruent pas religieusement les Loix de cette secte; ils ne font ny jeusnes ny oraisons; les Coggia & les Treuiggi, qui sont les Docteurs de cette Loy, ne vont point parmy eux, parce qu'ils ne se peuuent accoustumer à leurs façons de viure; ils se nourrissent de chair & de laict, qu'ils ont en grande abon-dance, mais ils ne se seruent point de pain, non plus que de millet cuit, comme font les Circassiens; ils ne gardent aucune politesse dans leur manger, y employent leurs cinq doigts, leuent la teste en haut, & jettent dans leur bouche dedans leur viande comme des bestes; ils boiuent de l'Iran, qui est du laict aigre de Vache, qu'ils meslent auec de l'eau, il desaltere & nourrit. Aux iours de festes ils boiuent du laict de Cauale, qu'ils nomment (*Komusz*) ils le laissent bien bouché pendant dix iours, enyure comme le vin; auec cela font aussi secher du laict caillé au Soleil, le mangent auec la viande au lieu de pain, & s'en seruent principalement dans leurs débauches; ils ont aussi quelque peu de millet, qu'ils prennent des Circasses, à qui ils donnent du bestail en eschange. Ils font de ce millet vne sorte de potage qu'ils nomment Scorba, auec du beurre & du laict aigre; ils mangent de la chair de Cheual demie cuite, ont fort grande quantité de bestail. Lorsque i'estois à Balutte-Coij en Circassie, ie fus appellé par Demir-Mursa, & comme ie demandois combien il pouuoit y auoir de testes de bestail en vne harde que ie voyois paistre au tour de sa Cabane, on me dit, qu'il y auoit plus de quatre cens mille bestes, & de-là vient qu'ils ne font iamais arrestez en vn lieu, & qu'ils vont continuellement cherchant de nouueaux pasturages. Ils campent ordinairement entre le Tanais & le Nieper, campans sur les rues de l'vn ou de l'autre de ces fleuues: ils se fortifient sur leurs bords; quand ils sont prés de quelque forest, ils retranchent leur camp de Pallissades, depeur que leurs troupeaux ne souffrent quelque dommage, & ne soient enleuez par les bestes Sauuages ou par les Circasses: ils font bonne garde de peur d'estre surpris par ces ennemis, ou par les Tartares, Percopites, & Maliba-fes, qui sont peuples de la grande Tartarie auec lesquels ils confinent: ils combattent vaillamment, ne laissent point approcher l'ennemy de leurs maisons, mais vont loing au deuant de luy; ils se font Esclaues les vns les autres, & se rachetent apres pour vn certain nombre d'Esclaues ou de bestail. On ne punit point de mort le larcin, mais on met à la chaisne celuy qui y est surpris, iusques à ce qu'il se rachepte, & s'il ne le peut faire il demeure Esclaue, & on le vend.

Il n'y a point de paures parmy eux; si quelqu'vn n'a rien à manger, il va où l'on mange, & s'assied librement sans rien dire, puis se leue, & se retire sans autre ceremonie: ils n'ont aucune ciuilité, sont gens tout à fait champestres & sauuages.

Ils ont quantité de bons pasturages dans leurs Plaines & grande abondance de & bestail, Cheuaux sauuages, Loups, Ours, Renards, Cerfs, Loups-ceruiers & & Blans. Les Nogays en tuent quantité & vendent leurs peaux, qui sont leur plus ordinaire marchandise, comme aussi les Esclaues, du beurre en tres grande quantité; les Marchands Turcs & Armeniens y en viennent faire prouision, & en fournissent Constantinople, leur donnant en troc: pour le prix de leurs marchandises ils ne veulent point d'argent, de la toille de coton, des draps, des peaux de Maroquin, des couteaux, & autres merceries; mais la pratique de ce pays n'est pas aisée aux Marchands qui ont beaucoup de peine à passer les Riuieres, parce qu'il n'y a point de Ponts, ils s'habillent de peaux de bestes, & ne portent point de chemises. Et c'est beaucoup pour eux, s'ils peuuent auoir des hault-dechausses de toille de Cotton, & pour les plus riches des hault-dechausses de drap. Ils se seruent de Bonnets faits de peaux: les vns en ont de peaux de Brebis, d'autres de Renard, & les Murses de martes zibellines, qu'on leur apporte de Circassie. Ils sont difformes à voir, ils ont la face large & pleine, la teste grosse, les yeux petits & le nez enfoncé; leurs enfans sont long-temps sans voir clair en naissant, à cause qu'ils ont les yeux petits, enfoncez, & les joués fort grosses: ils n'obseruent autre ceremonie en leur mariage, que de prendre des tesmoins; ils se marient auec leurs parents, ils n'en exceptent que la Sœur & la Tante: ne donnent point de douaire à leurs femmes, mais les maris font des presents à leur pere & à leur frere, sans lesquels ils ne trouueroient point de femmes; ils obseruent les mesmes ceremonies pour enseuelir leurs morts, que les Tartares-Percopites, auec cette difference seulement, qu'ils amassent beaucoup de terre par dessus pour empescher que

---

Notes marginales :

qu'elle resté saccagée par le Cham du Crim, ses peuples furét cótrains de se rendre dans la presqu'Isle; la petite Nogaye subsiste encore & recônoist le Cham, ces Peuples sont vagabós sás retraitte asseurée entre le Percop, & l'Ocraxou, & au tour des marests-Meotides, anciennement Donciuh, c'est à dire, petit Tanais. Ils ne sont gueres plus de 12. mille, mais ce sont les meilleurs soldats d'entre les Tartares; leur chef est Orbei, c'est à dire le Gouuerneur de Percop, qui iuge de leurs differens, & les meine à la guerre.

Le Grand-homme Polonois dit, q lorsqu'ils dorment en campagne, ils tienent en terre vn piquet auquel ils attachent la bride de leur Cheual &qu'ils s'appuyent la teste sur leurs mains & sur la cuisine piquet pour estre plus prompts à sauter en selle en cas de surprise.

les belles ne les déterrent. Ils n'ont point d'escriture, ny aucune sorte de caracteres; la justice est administrée par leur Chef, ils ne font mourir personne, si ce
n'est pour auoir tué de sang froid, ce qui n'arriue que fort rarement.

Leurs femmes sont passablement belles, quand elles sont jeunes, mais les vieil-
les sont fort laides: ils ont ordinairement deux petites huttes; la plus petite est
pour le mary & la femme; leurs enfans occupent la plus grande: & pour ce qui
est de leurs Valets, ils dorment tousiours à l'air, quelque froid qu'il fasse, lors
mesme que la terre est couuerte de neige.

,, Nota. Dans la diuision que ce Religieux fait des Tartares, il ne parle que des
,, Tartares du Crim & des Nogais. Le Gentil-homme Polonois la donne plus
,, exactement dans ces termes. Les peuples de la Tartarie mineure se diuisent en
,, Tartares du Crim - Nogais que l'on appelle aussi Percopites, Tartares d'Ocsa-
,, hou, autrement Dziankirmen, & ceux qui habitent le pays de Akkirmen, autre-
,, ment appellez les Tartares de Bilogrod, Budziais ou Dobrus.
,, Les Tartares du Crim occupent toute la Peninsule Taurique dont la Vil-
,, le principale est Bachasarai, residence ordinaire de leur Cham: ils sont bien soi-
,, xante mille hommes.
,, Les Nogais tiennent le pays qui est entre leur principale Ville nommée
,, Perecop, & la Ville d'Oczakou: ce pays est fermé d'vn costé par le Pont Euxin,
,, & des autres par le fleuue Nieper ou Boristhene, & par le Limen ou Palus
,, Meotide. Ceux-cy n'ont point de demeure arrestée & sont tousiours errants
,, & vagabons, s'arrestant où ils trouuent la commodité de l'eau & des herbes pour
,, leur bestail; l'on fait estat qu'ils sont bien 12000.
,, Ceux d'Oczakou habitent la Ville qui porte ce nom, sont à la solde de
,, l'Empereur des Turcs: ils appellent la solde qu'ils tirent de luy Vlafé, &
,, on les appelle Beslef, comme qui diroit gens payez, ils sont enuiron 2000.
,, On appelle Tartares de Budziais ceux qui demeurent aux enuirons de la Ville
,, de Bisarabiam ou Bilogrod scituée sur les Frôtieres de la Valachie entre les riuie-
,, res du Tir & du Danube, & les costes du Pont Euxin leur principale Ville est cel-
,, le de Bilogrod, autrement Akkiermen: ces derniers-là peuuent faire enuiron
,, quinze mille hommes.

RELATION DES CIRCASSES.

LEs Circasses ressemblent fort aux Tartares Nogais que ie viens de descrire,
auec cette difference neantmoins, que les Circasses n'habitent que dans les endroits les plus forts des bois, où ils se retranchent; ils confinent auec les Tartares
Nogais du costé du Nort: vers le leuant ils ont les Cornuchi, aussi Tartares, quoique d'vne autre Religion & d'autres façons de viure; vers le midy les Abbassa, &
du costé du couchant, des Montagnes fort hautes, qui les separêt de la Mengrellie;
ainsi la plus grande estenduë de leur pays est depuis Taman iusqu'à Demir-capi,
autrement Derbent Ville scituée sur le bord de la mer Caspienne, ce pays a bien
26. iournées de chemin. Entre Taman & Tomeruchi, il y a vne langue de terre,
sur les bords de laquelle il y a plusieurs Villages. Ils parlent la langue Circassien-
ne & la Turque, ils sont meslez, les vns sont Mahometans, les autres du Rit Grec,
mais il y a plus grand nombre de Mahometans; car encore que le Prestre, qui est
à Terki leur aille quelquefois administrer le Sacrement du Baptesme, il les in-
struit peu dans les choses de la Religion, si bien qu'ils se font Turcs tous les
iours, & il ne leur reste plus rien de la Religion Grecque que la coustume de porter des viures sur les fosses de leurs morts, & l'obseruation de quelques ieûnes.
Ces Villages obeïssent au Tzaar des Moscouites, & à quelque Murias ou Seigneurs
particuliers de sa Cour, ausquels ils les a donnés pour recompense de leurs seruices.
Depuis les Montagnes, où ils nomment Variada, iusqu'à Cudescio le pre-

mier des Villages que les Circassiens ont le long de la marine, il y a 320. mille,
mais toute cette estenduë de pays, quoy que tres-fertile, est inhabitée, l'on conte cent quarante mille depuis Cudoscio iusqu'aux Abbassa. Les Peuples qui
sont dans ces Montagnes se disent Chrestiens, comme aussi ceux qui habitent les
Forêts qui sont dans la Plaine, ils obeissent à des Princes particuliers. Ie feray
mention des principaux & de la distance des lieux qui sont sous leur obeissance.
De Tomaruchi iusques à Carbatei, il y a dix-huit iournées, le pays est fort peu-
plé, & est sous la domination de Schaban Ogoli, il y a deux autres iournées de
Tomaruchi à Giana, & autant de Giana à Codicoï, de Giana à Bolettecoï quatre autres, Giancolobey est Seigneur de ce pays, de-là à Besinada huit iournées, de Besinada à Carbataï huit autres, & de-là à Derbent dix iournées. Les
Princes Scaence Temircas, Parens du Can des Tartares, sont Maistres de ce pays.
Les Princes Casibei & Sancascobei freres, & commandent à tous les Villages qui
sont le long de la mer, ces pays sont fort agreables, quoy qu'ils soient peu
habitez, car il n'y a point d'habitation aux lieux où les Forêts ne sont pas
espaisses.

Ils n'ont point de Loix écrites ny d'exercice de Religion, ils se contentent
de la profession qu'ils font d'estre Chrestiens, font traffic d'Esclaues, de peaux de
Cerfs, de Bœufs, de Tigres, & de cire qu'ils trouuent en abondance dans les
Forests, labourent à la Houë leurs terres labourables, n'ont point de monnoye,
les marchandises se vendent par eschange, leur habit n'est pas fort different des
nostres, ils portent des chemises de toille de Coton teinte en rouge, & vn
Manteau de Laine pressée, ou de feutre, qu'ils tournent du costé d'où vient le
vent, car il ne leur couure que la moitié du corps.

Il n'y a point au monde de plus beau peuple que celuy-là, ny qui reçoiue
mieux les Estrangers, ils seruent eux-mesmes ceux qu'ils ont logez chez eux
pendant trois iours, les garçons & les filles les seruent teste nue, & leur lauent
les pieds, cependant que les femmes prennent le soin de leur faire blanchir leur
linge. Pour leurs Maisons, elles sont faites de deux rangs de pieux fichez en terre,
entre lesquels on entrelasse des branches d'arbres, ils remplissent l'entre-deux de
mortier, & les couurent de paille, celles du Prince sont basties de mesme matiere
mais plus grandes & plus hautes, leurs Villages sont dans les Forêts les plus épais-
ses, ils les entourent d'Arbres entrelassés les vns auec les autres, afin d'en rendre l'entrée plus difficile à la Caualerie Tartare. Ils sont souuent aux mains auec
eux, car il ne se passe guere d'année que les Tartares ne sassent quelque course
en leur pays pour y faire des Esclaues, attirés principalement par la beauté de ceux
de cette Nation. Les Nogais y font aussi souuent des courses par cette mesme raison, & l'exercice continuel dans lequel ces ennemis les tiennent, les a fort aguerris & rendu les meilleurs hommes de Cheual de tous ces quartiers, ils se seruent
de leurs flèches deuant & derriere, & sont braues le cimeterre à la main, ils s'ar-
ment la teste d'vne iaque de maille, qui leur couure le visage, & pour armes of-
fensiues, outre l'arc, ils ont des Lances & des Iauelots. Dans les bois vn Circas-
sien fera teste à vingt Tartares, ils ne font point de conscience de se dérober les
vns & les autres, & le vol y est si ordinaire, qu'on ne chastie point ceux qui
y sont surpris, ayans mesme quelque sorte d'estime pour ceux qui le sçauent faire
auec addresse. Les vieillards & les plus considerables du pays ne présentent point
à boire aux ieunes gens dans leurs festins s'ils n'ont fait quelque larcin auec addresse ou quelque meurtre de consideration. Le breuuage le plus ordinaire de
cette Nation est de l'eau qu'on fait bouïllir auec du miel & vn peu de millet, ils
laissent cette matiere ensemble l'espace de dix iours, & les font bouïllir apres.
Cette boisson a la mesme force d'enyurer que le vin, mais ces Peuples ne sont pas
fort suiets à l'yurognerie. Au lieu de verre, ils se seruent de cornes de buffles sauuages ou d'autres animaux, ils boiuent ordinairement tour de bout. Il y a dans

le pays des *Cudossi*, c'est à dire, lieux sacrez, où l'on voit quantité de testes de Belier restées des Curbans ou Sacrifices qui y ont esté faits. On voit pendu aux Arbres qui sont dans ces lieux, des Arcs, des Fleches, des Cimeterres, qui marquent les vœux dont ils se sont acquittez, & la veneration du lieu est si grande, que les plus grands Voleurs n'y touchent point. La parole que se donne le mary & la femme & l'affirmation de quelque tesmoin font toute la forme de leurs mariages; ils ne prennent iamais d'autre femme si la premiere ne meure, ou qu'ils y soient obligez par quelque raison puissante. Le pere qui donne sa fille en mariage, en reçoit en reconnoissance quelque present, & les hommes ne trouuent point de femmes s'il n'ont dequoy faire ces presens.

Ceux qui doiuent accompaguer les morts à la sepulture commencent leurs cris & leurs gemissemens auparauant que d'arriuer en la maison du deffunt: les Parens se foüettent, les femmes se déchirent le visage, cependant que le Prestre chante certaines paroles qu'il sçait par cœur sur le corps, l'encense, & met sur la sepulture *du pasta & du bozza*, c'est à dire, à manger & à boire. Ils amassent apres de la terre sur la fosse, & l'éminence qui reste, marque le lieu de leur sepulture. Ces Peuples ne connoissent point d'autre art que celuy de la guerre, qui les occupe tous. Les Esclaues de cette Nation se vendent bien plus cherement que les autres, à cause de leur beauté, & de la reussité qu'ils font ordinairement dans les choses ou on les employe, car naturellement ils sont fort spirituels. Les Cheuaux de Circassie sont plus estimez que les Cheuaux Tartares, à cause qu'ils sont plus vifs. Ils ont deux fleuues considerables, l'vn desquels se nomme Psi, qui se rend dans la mer Calcane, & l'autre nommé Sil, qui passe proche de Cabarta; il y a encores beaucoup de petits ruisseaux peu renommez, à cause qu'on les passe facilement à gué.

RELATION DES ABBASSA.

LEs Abbassa habitent les Montagnes qui tiennent à la Circassie. Ils ont à main droite le riuage de la mer-Noire, & au leuant la Mengrellie. Ce pays est sous l'obeïssance de deux Princes, l'vn se nomme Puso & l'autre Carabei, ce pays a 150. milles d'estenduë; il n'y a point de Villes, mais beaucoup d'habitations sur ces Montagnes qui sont les plus hautes que i'aye iamais veu, elles s'estendent iusques sur le bord de la mer; ils ont les mesmes façons de faire que les Circassiens, auec cette difference seulement qu'ils mangent la chair presque toute cruë. On fait beaucoup de vin en ce pays; leur langue est fort differente de celle de leurs voisins; ils n'ont point de Loix escrites & ne connoissent pas mesme l'vsage de l'Escriture, sont Chrestiens de profession sans faire aucun exercice du Christianisme. I'ay veu beaucoup de Croix dans ce pays, sont grands larrons & sujets à mentir. Ils ont deux riuieres, Southesu & Subasu; Ce pays est tres-agreable & l'air y est fort sain; leurs bois leur seruent de retraitte & de Villes, mais quand ils ont choisi leur demeure en vn lieu, ils ne le quittent point. Ils ont pour richesses ou marchandises, toute sorte de Peaux, de la Cire, du Miel, & des Esclaues, & il leur est ordinaire de vendre leurs sujets aux Turcs en eschange d'autres marchandises, car la monnoye n'a point de cours parmy eux; ils ont vn fort beau port; il y vient tous les ans des Vaisseaux de Lazi, de Trebisonde, de Constantinople, & de Caffa, qui quelquessois y passent l'Hyuer. Ce Port se nomme Eschisumuni, les Marchands qui y viennent ne passent point à leurs habitations, tout le traffic se fait au Port où dans le Vaisseau; ils prennent mesme serment l'vn de l'autre qu'ils ne se feront aucun mal, où se donnent des ostages. Ils ont guerre auec les Circasses & les Mingrelliens, sont bons hommes de pied & de Cheual, sçauent bien manier les armes à feu; portent le Cimeterre, l'Arc & les Fleches; s'habitent de mesme façon que les Circasses, mais ils portent les cheueux autrement qu'eux. Ces Nations se laissent croistre les moustaches & se rasent le menton : leurs Papari au contraire se laissent croistre toute la barbe ; on appelle ainsi ceux qui ont le soin d'enseuelir les morts & qui prient Dieu pour leurs Ames ; ils les mettent dans des troncs d'Arbres creusés qui leur seruent de Bierre, & les tiennent apres attachés en l'air à quatre pieux : comme ils n'ont point d'autre habitation que les bois ; ils ont peu de troupeaux & peu d'estoffes pour se faire des habits : ils se contentent de leur vin de miel, de la venaison & des fruits sauuages de leurs bois : ils n'ont point de froment, ne se seruent point de sel, ne prennent point la peine de pescher du poisson, quoyque leurs Costes soient fort poissonneuses tant ils sont paresseux : la chasse & la vollerie font toute leur application ; ils ont vne infinité d'Espreuiers & de Faucons qu'ils dressent en huit iours ; Constantinople, la Perse & la Georgie s'en fournissent en ce pays-là, & sont si bien dressez, qu'ils reuiennent auec leur proye, au bruit qu'on leur fait auec vne sonnete.

Dans vne autre relation l'on remarque qu'ils suspédét ces trôcs d'arbres ou Bierres auec des ferment de vigne.

Ie ne m'estendray point icy à descrire la Mengrellie, car ie sçay qu'on en a fait vne description fort exacte, i'adiousteray seulement, à ce que i'en ay veu, que le Sené, la Scamonée, & l'Hellebore-noire croissent en ces quartiers, auec beaucoup d'autres simples de grand vsage, & que les Euesques & autres Ecclesiastiques du pays suiuent le Prince à la guerre le Casque en teste, & le Cimeterre au costé.

LES LAZI OV CVRTI.

Les Lazi, autrement Curti, sont Mahometans, confinent auec la Georgie, & le pays de Trebisonde : ils habitent des Montagnes fort hautes sur les Costes de la mer-Noire ; ce sont gens nourris dans les bois, de grande fatigue, & qui passent leur vie à conduire des troupeaux ; & quand ils peuuent dérober ils ne s'y espargnent pas. Il y a dans le pays quantité de Loups, de Iacals, Animal qui tient de la nature du Chien & du Loup, l'abondance de ces animaux est cause que les Turcs les appellent Curti, qui veut dire Loup. Tout ce pays est Montueux, mais fort agreable, couuert d'Arbres sur lesquels ils font monter leur vigne. Ie n'en diray pas dauantage, à cause qu'il est assez connu d'ailleurs.

ADDITIONS A LA

RELATION PRECEDENTE DE LA TARTARIE,

ET PRINCIPALEMENT

DES TARTARES DV CRIM.

Ces additions sont tirées des memoires du Sr de Beauplat.

LA gorge de la Peninsule du Crime n'a que demie lieuë de largeur, cette gorge ou istme est occupée par vne meschante ville sans murailles qui a seulement vn fossé de vingt pieds de large, & de six à sept pieds de profondeur à demy comblé, auec vn rampart de mesme hauteur, & large de quelque quinze pieds. Elle est assise à 300. pas de la riue Orientale, elle a dans son enceinte vn Chasteau de pierre, qui a doubles murailles, ou plustost vn autre Chasteau qui l'enferme : de-là iusques à la riue Occidentale, on a tiré vn fossé qui va iusques en la mer : il ne peut auoir dans cette Ville plus de quatre cens feux : les Tartares la nomment Or, & le Polonois Perecop, c'est à dire, en nostre langue, terre fossoyée : c'est pourquoy les Geographes appellent cette partie de la Tartarie, Tartaria Petcopensis. Les lieux les plus remarquables du Crim sont, du costé de l'Orient, Kosesow Ville fort ancienne, qui appartient au Cham, qui peut auoir deux mille feux, & a vn Port.

Topetorkan ou Chersonne est vne ruine antique, Bacieseray est la residence du Cham des Tartares, il y peut auoir deux mille feux.

Alma ou Eoczola est vn Village d'enuiron cinquante feux, auec vne Eglise Catholique dediée à Saint Iean.

Baluclawa Port & Bourg où l'on fait les Nauires, Galeres & Gallions du grand Seigneur, l'embouchure du Port a jenuiron quarante pas : & a enuiron huit cens pas de circuit, & est large de quatre cens cinquante ; ie n'ay sçeu apprendre de quelle profondeur, ny quel est le fond, si c'est sable, vase ou roche ; mais il y a apparence qu'il y a plus de quinze pieds de fond, puisqu'il y entre des Vaisseaux chargez de plus de cinq cens tonneaux : il n'y a pas dans ce Bourg plus de douze cens feux : ce lieu est vn des plus beaux & meilleurs Ports qui soient au monde : car vn Vaisseau y est toûjours à flot, à quelque tempeste qu'il fasse, il ne branle point, les hautes Montagnes qui enferment ce Havre, le mettant à l'abry de tous vents.

Mancup est vn meschant Chasteau sur vne Montagne appellée Baba, les habitans sont tous Iuifs, & sont enuiron 60. feux.

Caffa est la capitale Ville du Crim, il y a vn Turc gouuerneur pour le grand Seigneur. Les Tartares habitent peu dans cette Ville, les habitans sont pour la pluspart Chrestiens, ils se seruent d'Esclaues qu'ils acheptent des Tartares, qui les ont enleuez de la Pologne & Moscouie. Il y a douze Eglises Grecques, trente-deux d'Armeniens & vne Catholique de S. Pierre, il y peut auoir cinq à six mil feux, mais il y a bien trente mil Esclaues : car ils ne se seruent en ce pays que de ces sortes de seruiteurs ; cette Ville est grandement marchande, & trafique de tout à Constantinople, Trebisonde, Sinope, dans toute la mer-Noire & Archipel.

Crimenda est fort ancienne, appartient au Cham, est enuiron de cent feux.

Karasu appartient aussi au Cham, & a enuiron deux mil feux.

Tussa

Tusla, en ce lieu sont les salines, il y peut auoir 80. feux.

Corubas peut auoir 2000. feux.

Kercy enuiron 100. feux.

Ackmacety enuiron 150. feux.

Arabat ou Orbotec est vn chasteau de pierre, auec vne tour scituée sur le col d'vne Peninsule, qui est enfermé entre la mer de Limen *. & Tineka Vvoda. Cette gorge n'a pas plus d'vn quart de lieue, elle est trauersée d'vne pallissade qui stend d'vne mer à l'autre; la Peninsule est appellée par nos Cosaques Cosa, à cause qu'elle a la forme d'vnefaulx; c'est en ce lieu où le Cham tient son haras qui est bien de soixante & dix mille cheuaux.

Tinkawoda est vn destroit entre la terre ferme & Cosa, il n'a que 100. pas de large, est gayable quand il est calme; les Cosaques le passent en tabort quand ils vont desrober des cheuaux du haras du Cham, comme nous dirons cy-apres.

Depuis Baleclawa iusques à Caffa, la coste de la Mer est fort haute & escarpée, tout le reste de la Peninsule est bas pays; dans la plaine du costé du Midy vers Or, il y a force villages de Tartares, ou pour mieux dire force hutes, qu'ils mettent sur deux roües comme celles des Tartares du Budziak.

Les montagnes de Balaclawa & Carosu s'appellent montagnes de Bada, il en sort 7. riuieres qui arrousent toute la Peninsule, elles sont bordées de bois.

Sur les riues de la riuiere de Kabats il y a des vignes.

La riuiere de Sagre a quantité de iardins & de fruits.

Le destroit de Kercy à Taman, n'est large que de trois à quatre lieuës Fran-çoises.

Taman est vne ville appartenant au Turc dans le pays des Circasses; cette villa-ce a vn meschant chasteau où il y peut auoir quelques 30. Iannissaires qui y sont garde comme aussi à Temeruk, qui garde le passage de Oczakou au Zouf qui est vne ville d'importance, sur l'emboucheure de la riuiere du Tanais. A l'Orient de Taman est le pays des Circasses qui sont Tartares Chrestiens.

Les Tartares restent plusieurs iours apres estre nez sans pouuoir ouurir les yeux comme les chiens & la pluspart des autres animaux; ils sont d'vne taille plustost petite que grande, mais trapus & fort gros de membres, l'estomach haut & lar-ge, les espaules releuées, le col court, la teste grosse, la face presque ronde, le front large, les yeux peu ouuerts, mais fort noirs & beaucoup fendus, le nez court, la bouche assez petite, les dents blanches comme yuoire, le teint basané, les che-ueux fort noirs & rudes comme crin de cheual; enfin ils ont vne autre physono-mie que les Chrestiens: ils sont tous soldats braues & robustes, durs à la fatigue, & souffrent aisément les iniures de l'air; car depuis l'aage de 7. ans qu'ils sortent de leurs Cantares, c'est à dire, maisons que l'on peut mettre sur deux roües, ils dorment tousiours à l'air, & depuis cet aage on ne leur donne iamais à man-ger qu'ils ne l'abbattent auec la flesche, & apres qu'ils ont atteint 12. ans, ils les enuoyent à la guerre; leurs meres ont le soin quand leurs enfans sont ieunes de les baigner chaque iour vne fois dans de l'eau où l'on a dissout du sel, afin de leur durcir le cuir & de les rendre moins sensibles au froid, lors qu'ils sont obligez de le souffrir & de passer à nage les riuieres en Hyuer.

Nous considerons de deux sortes de Tartares, les vns nommez Nahaysky, & les autres Crimsky, ceux-cy sont comme nous auons dit de cette grande Penin-sule, qui est dans la mer-Noire, vulgairement appellée Scythie Taurique: mais les Nahaisky sont diuisez en grand Nahaisky & petit Nahaisky, tous deux habitent entre la riuiere du Don & la riuiere de Kuban, mais errans & comme sauuages; les vns sont suiets du Cham ou Roy du Crim, & les autres des Moscouites: il y en a mesmes qui ne reconnoissent ny l'vn ny l'autre. Ces Tartares ne sont pas si braues que ceux du Crim, mais les Crimski cedent encores en vaillance à ceux du Budziak.

Ces Peuples ont pour habit vne chemise courte de toille de cotton, qui ne leur descend que demi pied au dessous de la ceinture, vn caneçon & des hauts de chausses de draps en estré : le menu Peuple porte des chausses de toille de cotton picquée par dessus, & les plus riches ont vn iuste-au-corps de toille de cotton picquée, & sur tout vne robbe de drap fourrée de Renard, ou de Maistre zubline, le bonnet de mesme auec des bottines de Marroquin rouge sans esperons : au lieu de cette robbe fourrée le peuple se couure les espaules d'vn hoqueton de peau de Mouton, ils mettent la laine dehors en temps de chaleur ou de pluye, mais au temps de froid & d'Hyuer ils retournent leur hoqueton, remettent la laine dedans, & en font de mesme du bonnet, qui est fait de mesme estoffe : ils sont armez d'vn Sabre, d'vn Arc, auec son Carquois garny de dix-huit ou vingt Fleches, vn couteau à leur ceinture, vn fuzil pour allumer du feu, vne aleine auec cinq ou six brasses de cordelettes de cuir, pour lier les prisonniers qu'ils peuuent attrapper en campagne : ils ont aussi chacun vn quadran au Soleil, il n'y a que les plus aisez qui portent des chemises de mailles, les autres sont sans armes deffensiues, sont fort adroits & vaillans à Cheual : ils cheuauchent court, les jambes courbées : & cependant ne laissent pas d'y estre fort adroits, & ont vne telle addresse, qu'en cheminant au grand trot, ils sautent de dessus leur Cheual, lorsqu'il est hors d'aleine, sur vn autre qu'ils meinent à la main, afin de mieux fuir lorsqu'ils sont poursuiuis, & le Cheual qui ne sent plus son Caualier, vient aussi tost prendre la main droite de son Maistre, & le suit tousiours en rang pour estre mieux disposé lorsqu'il voudra monter : au reste c'est vne certaine sorte de Cheuaux mal-faits & laids, mais bons au possible pour la fatigue : car pour faire des courses de vingt à trente lieuës d'vne traite, il n'appartient qu'à ces Baquemares (ainsi appellent-ils ces sortes de Cheuaux) qui ont le crin du col fort touffu & pendant iusqu'en terre, & la queuë de mesme.

Leur nourriture ordinaire n'est pas du pain s'ils ne sont parmy nous, la chair de Cheual leur est plus appetissante que celle de Bœuf, de Brebis ou de Bouc : car pour des Moutons ils ne sçauent ce que c'est : & encore lorsqu'ils esgorgent vn Cheual, il faut qu'il soit fort malade, & tout à fait hors d'esperance d'en pouuoir plus tirer de seruice, auparauant qu'ils se resoudent à le tuer : & mesme quand le Cheual seroit mort de quelque maladie que ce fust, ils ne laisseroient pour cela de le manger : ils sont diuisés par dixaines lorsqu'ils vont à la guerre, & quand il se trouue dans la trouppe vn Cheual qui ne peut plus cheminer, ils l'esgorgent, & s'ils trouuent de la farine, ils y meslent le sang auec la main, comme l'on feroit celuy de Pourceau pour faire des boudins, puis le font bouillir & cuire dans vn pot, & en mangent par grande delicatesse : pour la chair ils l'apprestent ainsi : Ils la coupent en quatre quartiers, ils prestent trois de ces quartiers à leurs camarades qui n'en ont point, & ne retiennent pour eux qu'vn quartier de derriere, lequel ils coupent par roüelles les plus grandes qu'ils peuuent à l'endroit le plus charnu, & espaisses seulement d'vn à deux poulces, le mettent sur le dos de leur Cheual qu'ils sellent dessus, le sanglant le plus fort qu'ils peuuent, puis montent à Cheual, coutent deux ou trois heures en chemin faisant, car toute l'armée va de mesme train, apres ils redescendent, le desellent, retournent leur roüelle de chair, & auec le doigt recueillent l'escume du Cheual, & en arrousent ce mets de peur qu'il ne se desseiche trop, cela fait ils le ressellent & ressanglent bien fort comme deuant, recourant de nouueau deux ou trois heures, & alors la chair est cuite à leur gré, comme si c'estoit vne estuuée, voila leurs delices & leurs ragousts. Pour les autres endroits du quartier qui ne se peuuent couper par grandes roüelles, ils les font bouillir auec vn peu de sel sans l'escumer : car ils estiment qu'escumer le pot, c'est jetter hors toute le meilleur suc & saueur de la viande. L'eau est toute leur boisson, s'ils en rencontrent : car l'eau mesme leur est fort rare, & tout le long de l'hyuer ils ne boiuét que de la neige fonduë : ceux d'entr'eux qui sót les

plus accommodez, comme les Morzas, c'est à dire, Gentil-hommes, & autres qui
ont des lumens, en boiuent le laict, qui leur tient lieu de vin & d'eau de vie; pour la
graisse de leurs Cheuaux ils en assaisonnent du millet & du gru d'orge & de sarrazain, car ils ne perdent rien, & de la peau des Cheuaux ils sçauent tous la maniere d'en faire des brides, des cordelettes, d'en couurir des Selles & d'en faire des
foüets, dont ils chassent leurs Cheuaux, car ils ne portent point d'esperons; pour
le Pourceau ils n'en mangent non plus que les Iuifs. S'ils peuuent rencontrer de
la farine ils font des galettes sous les cendres, & leur plus ordinaire manger est le
millet, le grain d'orge & de sarrazain; ces sortes de grains se cultiuent chez eux, ils
se nourrissent aussi de Rys qu'on leur apporte de dehors; pour des fruicts ils en ont,
le miel y est fort commun, ils l'aiment fort, & en font aussi vn breuuage, mais sans
boüillir: de façon qu'il cause de furieuses tranchées. Ceux qui habitent les
Villes sont plus ciuils, ils font du pain approchant du nostre; ils ont aussi du Breha, qui est composé de millet boüilly; ce breuuage est espais comme laict, &
ne laisse pourtant d'enyurer: ils boiuent aussi de l'eau de vie qu'on leur apporte
de Constantinople; il y a vn breuuage que les pauures font, qui n'ont pas moien
d'achepter du Breha, voicy comme ils font. Ils mettent dans vne barrette du laict
de Vache, de Brebis, de Cheure, le battent & en tirent vn peu de beurre; ils
gardent le reste dans des cruches, ce breuuage s'aigrit, c'est pourquoy ils en font
presque tous les iours. La Nation est assez sobre, elle vse peu de sel; mais beaucoup des espices, entr'autres du Piment. Ils font encore vne autre sorte de breuuage,
comme font ceux de Madagascar; lors qu'ils ont fait boüillir leur viande
auec vn peu de sel sans escumer, comme nous auons dit, la chair estant cuite
ils en gardent le boüillon; ils appellent cette boisson ou boüillon schourba, & le
font chauffer, quand ils en veulent boire.

Le Cham, qui est leur Roy, ayant commandement du grand Seigneur d'entrer dans la Pologne, mettra quelquefois sur pied vne Armée de quatre-vingts
mil hommes, lors qu'il y est en personne: car autrement leurs Armées
ne sont d'ordinaire que de quarante à cinquante mil, lors que ce n'est qu'vn
Morsa qui les commande. Leur entrée dans le pays ennemy n'est d'ordinaire qu'au
commancement de Ianuier & tousiours en Hyuer, afin que les Marests & les riuieres ne les puissent empescher de s'estendre. La montre estant faite ils font aduancer l'armée; mais il faut remarquer qu'encore que le Crim soit compris entre les paralelles de quarante-six & quarante-sept degrez de hauteur, neantmoins les campagnes desertes qui sont au Nord de leurs pays, sont l'Hyuer toutes couuertes de Neiges, iusques en Mars: c'est ce qui leur donne hardiesse d'entreprendre vne si longue course, car leurs Cheuaux ne sont point ferrez, & la
Neige leur conserue le pied; autrement la dureté de la terre, en temps de ge-
lée leur gasteroit la corne. Les plus riches ferrent leurs Cheuaux auec de la
corne de Bœuf, & la cousent aux pieds de leurs Cheuaux auec du cuir, ou clou,
mais cela dure bien peu & se perd facilement: c'est pourquoy ils apprehendent fort
vn Hyuer qui n'est point neigeux, comme aussi les verglas. Pour leurs marches ils ne
font que petites iournées, d'ordinaire de six lieuës de France, & reglent si bien leur
temps & leurs mesures qu'ils puissent estre de retour auant que les glaces soient
fondues, prenant leurs routes par des Valons qui semblent se bailler la main
l'vn à l'autre, & cela pour se couurir & n'estre esuentez des Cosaques qui sont
aux escoutes en diuers lieux, pour apprendre leur route, & en donner l'alarme
au pays. Le soir quand ils campent, ils ne font point de feux pour la mesme raison, & enuoyent deuant battre l'estrade & taschent d'attraper quelque Cosa-
que, afin d'auoir langue de leurs ennemis. Ils cheminent cent Maistres de front,
c'est à dire trois cens Cheuaux, car chaque Tartare en meine deux en main qui
luy seruent de relais; leur front peut bien auoir huit cens à mille pas, & de hauteur ils sont bien de huit cens à mil Cheuaux, qui tiendront plus de trois grandes

lieuës, voire quatre de file quand ils sont ainsi pressez, car autrement ils filent vne queuë de plus de dix lieuës: quatre-vingt mil Tartares font plus de deux cens mil Cheuaux: les arbres ne sont pas plus espais dans les bois, que les Cheuaux sont pour lors dans la campagne, semblables, quand on les voit de loin, à quelque nuage qui s'esleue sur l'horison, & qui va croissant à mesure qu'il s'esleue; ce qui donne de la terreur aux plus hardis, qui n'ont pas accoustumé de voir de telles legions ensemble, ainsi cheminent ces grandes Armées, qui font des postes d'heure en heure, enuiron d'vn quart d'heure de temps pour donner loisir à leurs Cheuaux d'vriner, lesquels sont si bien dressez, qu'ils n'y manquent si tost qu'ils sont arrestez, & lors les Tartares descendent de dessus, & se mettent aussi à faire de l'eau: puis ils remontent incontinent & poursuiuent leur chemin; tout cela se fait au seul coup d'vn sifflet, & si tost qu'ils approchent de la frontiere, enuiron de trois ou quatre lieuës, ils font vn alte de deux ou trois iours, tousiours en vn lieu choisi, où ils pensent estre à couuert: alors ils font prendre haleine à leur armée, qu'ils disposent de cette sorte. Ils la diuisent en trois, les deux tiers sont destinez pour faire vn corps, & l'autre tiers ils le diuisent encore en deux; vn de ces corps s'auance sur la droite & l'autre sur la gauche, ainsi disposez, ils entrent dans le pais: le corps d'armée va lentement auec les aisles, mais continuellement, iour & nuict, sans donner plus d'vne heure à repaistre à leurs Cheuaux sans faire aucun dommage iusques à ce qu'ils soient bien entrez 60. ou 80. lieuës dans le pays.

Lors qu'ils sont sur la retraitte, le Corps de l'armée va tousiours le mesme train que le reste, & alors le General detache les aisles: elles coutêt chacune de leur costé iusques à cinq ou six lieuës loin de leurs Corps. I'oubliois à dire, que chaque aisle qui peut estre de huict à dix mil se diuise derechef en dix ou douze troupes, qui peuuent estre chacun de 5. à 600. Tartares, qui vont par cy par là dans les villages, les assiegent en faisans quatre corps de garde autour du village, auec de grands feux toute la nuict, de peur qu'aucun paysant ne leur eschappe; puis pillent & brûlent, & tuent tous ceux qui leur font resistance, & prennent ceux qui se rendent, hommes, femmes, enfans à la mammelle, bestiaux, cheuaux, bœufs, vaches, moutons, chevres, &c. Pour les cochons ils les assemblent le soir, les enferment dans vne grange ou autre lieu, puis mettent le feu aux quatre coins, pour l'horreur qu'ils ont de ses animaux. Ces aisles, comme nous auons dit, n'ayant pas ordre d'aller plus loin que cinq ou six lieuës s'en retournent auec leur butin trouuer leur Corps qui est facile à trouuer: car ils laissent vn grand Estrac, d'autant qu'ils cheminent plus de cinq cens cheuaux de front; de façon qu'ils n'ont qu'à suiure la trace, & en quatre ou cinq heures ils rejoignent leur Corps d'armée, où estant arriuez, il sort en mesme temps deux autres aisles de pareil nombre que les premiers: l'vn à la droite, l'autre à la gauche, & vont faire le mesme rauage que les premiers, puis retournent, & laissent la place à d'autres troupes fraisches, sans que iamais leur Corps soit diminué, faisant tousiours les deux tiers de leur armée, qui ne va, comme nous auons dit, qu'au pas, afin d'estre tousiours en haleine, & prest à combattre l'armée Polonoise. Ils ne retournent iamais par où ils sont entrés, ils s'en écartent au contraire, & font vne espece de ronde, afin de pouuoir mieux éuiter la rencontre de leurs ennemis: mais quand ils sont rencontrez des Polonois, ils leur souent beau ieu, & les font retourner plus viste que le pas; au reste apres auoir bien couru & rodé & fait les courses, ils rentrent dans les campagnes desertes de la frontiere, qui ont trente à quarante lieuës d'estenduë, & se voyant en lieu de seureté font vne grande alte, reprenent leurs esprits, & se remettent en ordre, principalement lorsqu'ils ont esté poursuiuis par les Polonois.

Dans le temps de cette alte, qui est d'vne semaine, ils mettent ensemble tout le butin, qui consiste en bestiaux & en esclaues, & partagent le tout entr'eux: les plus durs seroient touchez de voir en ce temps-là la separation d'vn mary d'auec sa femme, d'vne mere d'auec sa fille, sans esperance de se pouuoir iamais renoit: car les vns font deftinez pour Conftantinople, les autres pour le Crim, & les autres pour la Natolie: ils violent les filles, forcent les femmes prefence de leurs peres & de leurs maris, circoncifent leurs enfans deuant eux. Enfin le cœur des plus infenfibles fremiroit d'entendre les chants, les pleurs & gemiffemens de ces mal-heureux Rus. Car cette Nation chante & hurle en pleurant, voila en peu de mots comme les Tartares font des leuées & des rafles de peuples, quelquefois de plus de cinquante mil ames, en moins de deux femaines.

Difons maintenant comme les Tartares entrent l'Efté dans la Pologne, ils ne font d'ordinaire que dix à vingt mil hommes, d'autant que s'ils eftoient plus grand nombre ils feroient trop toft defcouuerts.

Quand ils fe voient à vingt ou trente lieuës de la frontiere, ils diuifent leur Armée en dix ou douze trouppes, chaque trouppe peut eftre de mil Cheuaux, ils enuoient la moitié de leurs trouppes, qui font cinq ou fix bandes, à la droite, efloignées les vnes des autres d'vne lieuë & demie, & de mefme en font-ils de l'autre moitié de trouppes qui tiennent la gauche à pareille diftance, faifant ainfi vn front de dix à douze lieuës, & auec des coureurs qui vont deuant de plus d'vne lieuë pour prendre langue & mieux dreffer leur route. Ces Tartares entrant auec cét ordre dans la frontiere, courent entre deux fleuues, & vont toufiours par le plus haut pays & au deffus des fources des riuieres, & par ce moyen ne trouuent point d'obftacles dans leurs courfes, pillent & rauagent comme les premiers, mais ils n'entrent point dans le pays plus de fix à dix lieuës, n'y demeurent que deux iours, & s'en retournent chacun en fon quartier; ces Tartares là font libres, & ne reconnoiffent ny le Cham ny le Turc; font leurs demeures dans Budais, qui eft vne plaine entre la bouche du Nieper & celle du Danube, où ils eftoient de mon temps bien vingt mil refugiez, ou banis: ces Peuples font plus vaillans que ceux du Crime, plus aguerris, eftans tous les iours dans les occafions. Ils font auffi mieux montez que les autres, dans ces plaines qui font comprifes entre le Budziak & l'Veranie; Il y a ordinairement huit à dix mil Tartares, feparez en trouppes de mil chacune, efloignées les vnes des autres de dix à douze lieuës pour chercher leur fortune, & ne fe point nuire les vnes aux autres. Il eft difficile de les euiter pour le peril qu'il y a à trauerfer ces campagnes: Les Cofaques les voulant paffer, vont en Tabor, c'eft à dire, qu'ils cheminent au milieu de leurs Chariots, mettant huit ou dix Chariots de front, & autant fur le derriere & eux au milieu, auec des fuzils & demi-picques, & des faulx enmanchées de long, & les mieux montez autour de leurs taborts, auec fentinelles auancées d'vn quart de lieuë, à la tefte, à la queuë, & auffi fur chacune aifle pour defcouurir de plus loin; & s'ils voient les Tartares ils donnent fignal, lors le Tabort s'arrefte: Si les Tartares font defcouuerts, les Cofaques les battent: mais auffi fi les Cofaques font defcouuerts les premiers, les Tartares les furprenant, les attaquent dans leurs taborts: Enfin celuy qui defcouure le premier a toufiours l'aduantage. Ie les ay rencontrez plufieurs fois: cinq cens Tartares nous vindrent charger en queuë dans noftre Tabort, & bien que ie ne fuffe accompagné que de cinquante à foixante Cofaques, ils ne nous peurent rien faire, & auffi nous ne peûmes rien gagner fur eux, car ils n'approchoient pas de nous à la portée de nos armes: mais apres auoir fait plufieurs feintes de nous attaquer, & de nous enuoyer des nuës de fleches fur la tefte, car ils tirent par arcade, bien le double de la portée de nos armes, ils fe retirent, fe cachent, afin de furprendre quelqu'autre trouppe.

Ces campagnes font couuertes d'herbes efpaiffes de deux pieds de hauteur, pour empefcher que l'on ne les puiffe reconnoiftre à l'eftrac ou pifte, qu'ils laifferoient s'ils cheminoient en corps: ils fe diuifent en petites trouppes, de dix Cheuaux, & marchent au grand trot; tellement que l'herbe qu'ils ont foullée fe releue du iour à l'autre, fe rendent ainfi au rendez-vous. Si les

Polonois ou Cosaques les descouurent ils montent à Cheual, les Tartares ne les attendent guères s'ils ne sont de beaucoup plus forts, lors mesme qu'ils le sont, ils ne les attendent point de pied ferme; ils s'esparpilleront comme Mouches, c'est à qui fuira de son costé, & tirent en retraitte auec l'arc, à bride abbatuë, si dextrement qu'ils ne manquent point de soixante à cent pas d'attrapper leur homme: les Polonois ne les peuuent poursuiure, car leurs Cheuaux ne sont pas de si longue haleine que les leur: Les Tartares se rassemblent de nouueau à vn quart de lieuë de la, & recommencent à faire leur décharge de front sur les Polonois; & puis quand on les enfonce ils s'esparpillent de nouueau & tirent tousiours en retraitte sur la gauche, car sur la droite ils ne peuuent, & ainsi fatiguent tant les Polonois qu'ils les contraignent de se retirer. Lors que l'Armée veut passer le Boristene, qui est la plus grande riuiere de ce pays; ils cherchent des lieux où les riues soient accessibles de part & d'autre, cependant chacun d'eux fait prouision de jong ou roseaux, & en fait des petits fagots longs chacuns de trois pieds, & gros de dix à douze poulces, esloignez l'vn de l'autre d'vn pied auec trois bastons mis de trauers au dessus bien liez, & au dessous vn de coin en coin aussi bien lié, qu'ils attachent à la queuë de leurs Cheuaux, puis le Tartare met la selle de son Cheual sur son flottant, se despoüille, met ses hardes sur sa selle, son Arc, flesches & sabre, le tout bien lié & attaché ensemble, puis tout nud, vn foüet en sa main entre en la riuiere, chasse son Cheual la bride sur le col, laquelle il tient toutesfois d'vne main, & tantost de l'autre auec le crin du col, & ainsi faisant aduancer son Cheual le fait nager, & nage aussi tousiours d'vne main, & de l'autre tient le crin & la bride qu'il ne lasche iamais, & conduit ainsi son Cheual, le fait aduancer auec son foüet, tant qu'il ait passé & trauersé la riuiere: quand son Cheual prend pied à l'autre riuage, & qu'il n'a plus d'eau que iusques au ventre, il l'arreste & destache son flottant de la queuë de son Cheual qu'il porte à terre, & à mesme temps qu'vn passe, tous les autres passent aussi: car ils font bien vn front de demie lieuë le long de la riuiere, tout le bestail passe de mesme.

أبو المظفّر بهرام شاه يمين الدولة
|
أبو شجاع خسرو شاه سراج الدولة

أبو الفتح ملك ارسلان سلطان الدولة

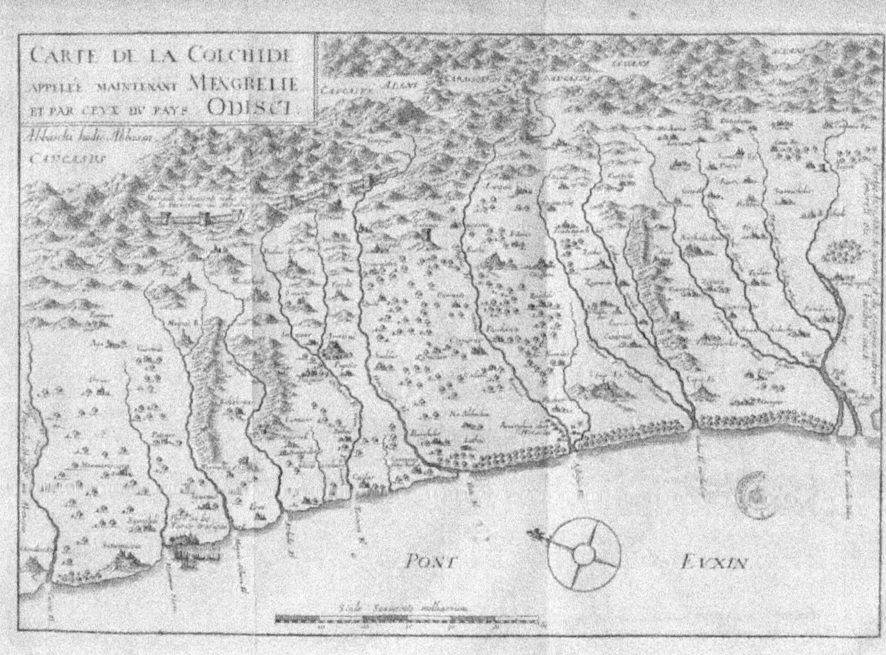

CARTE DE LA COLCHIDE
APPELLÉE MAINTENANT MENGRELIE
ET PAR CEVX DV PAYS ODISCI
Abbaschi hodie Abbasia
CAVCASVS
CAVCASVS ALANI
PONT
EVXIN
Scala Sexaginta milliarium

أبو جعفر محمد المقتدي بأمر الله   أبو القاسم عبد الله المقتدي بأمر الله

أبو العباس أحمد المستظهر بالله

أبو منصور الفضل المسترشد بالله   أبو سعد محمد المستظهر بالله

أبو جعفر منصور المستنجد بالله   أبو محمد عبد الله المستند بالله

أبو الحسن علي المسترشد بالله

أبو العباس أحمد الناصر لدين

أبو القاسم محمد الراشد بالله

أبو جعفر منصور المستنجد بالله

أبو أحمد عبد الله المستظهر بالله

سلجوق

ميكائيل

داود   محمد

السلطان ألب أرسلان محمد برهان أمير المؤمنين   أحمد

أبو الفتح ملكشاه معز الدنيا والدين   أبو طالب طغرل بك

أبو شجاع محمد غياث الدنيا والدين   أبو المظفر ألب أرسلان   أبو الحارث سنجر   سلطان سنجر معز الدين

أبو الفتح مسعود ركن الدنيا والدين   أبو طالب طغرل سفت الدنيا

أبو القاسم محمود ركن الدنيا والدين   أبو شجاع سليمان معز الدنيا   أبو منصور محمد معز الدنيا

أبو المظفر أرسلان

أبو طالب طغرل ركن الدنيا والدين

بادشاه إسماعيل سنجر سلطان الآفاق

سنكنكر ناصر الدولة

أبو القاسم محمود عز وبرهان أمين الدولة

أبو نصر عبد الرحيم سديد الدولة   أبو سعد مسعود نصير الدولة   أبو الفتح نصير شهاب الدولة

أبو الفضل محمد رأى بهج الدولة   أبو المظفر إبراهيم نظير بهج الدولة

أبو الفتح مسعود عضد الدولة

أبو المظفر محمود شمس الدولة   أبو الفتح سليمان أرسلان سلطان الدولة

أبو شجاع خسرو شاه صلاح الدولة

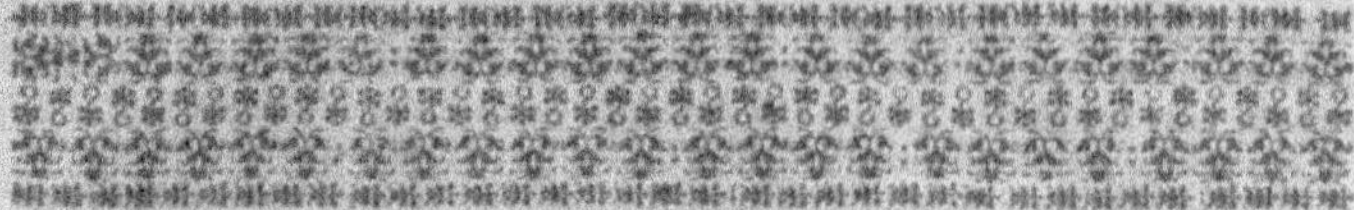

RELATION
DE LA COLCHIDE,
OV
MENGRELLIE.

PAR LE P. ARCHANGE LAMBERTI,
Missionnaire de la Congregation de la Propagation de la Foy.

LE pays que les anciens ont appellé Colchide est nommé Odisci par ceux qui l'habitent maintenant, & Mengrellie par les autres : La Mengrellie au Leuant est bornée par le Royaume d'Imereti, autrement Basaciaciuch, & au Nort par les Abcasses. La riuiere du Fase que ceux du pays appellent Rione, les separe du pays d'Imereti, & de Gutiel, & le fleuue Coddors, qui ie croy estre le Corax des anciens, les separe des Abcasses : Au Ponant elle a pour bornes le Pont Euxin, & le Mont Caucase entre le Leuant & le Septentrion.

Ammiam Marcellin croit que ces Peuples tirent leur origine des Ægiptiens, fondé peut estre sur le rapport de Diodore Sicilien, qui dit, que le Roy Sesostris ayant subjugué la Schytie, laissa sur les bords de la Palus Mœotide vne Colonie d'Ægiptiens, qui obseruoient encore de son temps la Circoncision, & semoient beaucoup de Lin comme les Ægiptiens. Pour moy i'y adjousteray cette conuenance, qu'ils sont comme eux attachez à l'interpretation des songes, tout leur entretien du matin estant des songes qu'ils ont eu en la nuict.

Le Chesilpes ou Roy Dadian est le plus puissant des Princes de ces quartiers. Chesilpes signifie Roy, Dadian est le nom de sa race, elle ne vient point des Rois de Georgie, mais d'vn de leurs Ministres, qui vsurpa la partie de cét Estat dont il estoit Eristaue ou Gouuerneur ; les anciens Roys de Georgie faisoient residence dans la Ville de Cottatis, & gouuernoient leurs autres Estats par ces Eristaues. Le plus consideré de tous estoit l'Eristaue d'Odisci ou Colchide, nommé Dadian. Vn de ces Roys de Georgie, qui tenoient alors tout le pays qui est entre la mer Caspiene, & le Pont Euxin iusques à Tauris & Arzeram, & du costé du Nort iusques à Caffa, diuisa ses Estats entre plusieurs Enfans qu'il auoit, ne retenant pour luy que les Prouinces de Basciaciuch, d'Odisci, de Samiche & de Gutiel : lesquelles il laissa mesme gouuerner à ses Eristaues. Des Princes qui regnent maintenant dans la Colchide.

Le Turc d'vn costé profitant de sa foiblesse, luy prit la Ville de Teflis à huit iournées de Arzerun, le Persan luy enuahit Tauris & toute cette partie de son Royaume, qui est entre Tauris & Gagueti ; cét Estat estant écorné de la sorte, les Eristaues, ou Gouuerneurs des autres Prouinces, se trouuerent quasi aussi puissans que luy, & ne songerent plus qu'aux occasions de se rendre Maistres absous de la partie de l'Estat, dont ils estoient les Gouuerneurs. Vn iour que tous ses Gouuerneurs estoient à sa table, l'Eschanson presenta à boire au Roy sur la fin du disné, & aux autres grands du pays ensuite, selon la coustume, qui veut aussi que tous

ceux ausquels le Coupier en presente, luy fassent apres quelque regale selon
leur condition, apres le Roy, on presenta le verre à Dadian, lequel auparauant
que de faire son present, demanda à Artabeg, vn de ceux qui estoient aupres luy
& qui passoit pour le plus magnifique & le plus liberal de cette Cour, quel present il auoit resolu de faire au Coupier? Artabeg luy dit qu'il luy donneroit cent
escus d'Or, & Dadian regla son present là-dessus. On presente ensuitte le verre à
Artabeg, qui promit à cet Officier, non pas cent escus, mais mille; Dadian s'en
offence & sans auoir esgard au respect qu'il deuoit à son Prince, se jette sur Artabeg
& luy couppe la barbe auec son Poignard: Artabeg ne pût pas s'en ressentir par
respect qu'il portoit au Roy, & le Roy mesme n'osa pas entreprendre de punir
l'insolence de Dadian, qui estoit presque aussi puissant que luy dans ses Estats.
Mais quelque temps apres Dadian ayant suiuy vn Cerf iusques sur les terres du
Gouuernement d'Artabeg, les gens d'Artabeg, qui le trouuerent separé de la
trouppe, le prirent & le menerent à leur Maistre, qui le fit mettre dans vn Ca-
chot; on crut que Dadian estoit tombé dans quelque precipice, & on le pleura
comme mort. Apres auoir esté quelque temps dans cette prison, Artabeg le
vint trouuer, & dans les autres conuersations qu'ils eurent ensemble, Dadian luy
fait confidence de la pensée qu'il auoit euë de se rendre Maistre de son Gouuernement, & luy representa la facilité qu'il auroit à faire la mesme chose. Artabeg
luy fait la mesme confidence, luy dit qu'il auoit eu le mesme dessein: ils concer-
tent ensemble les moyens d'y reüssir, & les Peuples de leurs Gouuernemens, qui
estoient accoustumez à leur obeïr, n'eurent point de peine à reconnoistre pour
Roys, ceux qui en auoient des-ja la puissance, sous le tiltre d'Eristaues. Le Roy mesme fut obligé, pour n'hazarder pas le reste de son Estat, de receuoir ses Ministres
pour ses Compagnons, iusques-là que ses successeurs ont fait des alliances auec
eux, mais ces alliances n'ont pas empesché depuis, qu'ils n'ayent fait souuent la
guerre au Roy d'Imereti.

Le Prince qui regne aujourd'huy dans la Mingrellie, se nomme Leuan Dadian &
est le cinquiesme Roy de sarace & Fils de ce Prince Munacchiar, qui estant vn iour
à la Chasse heurta si rudement contre vn Caualier, que son Cheual s'estant ren-
uersé, il y perdit la vie. Le Prince d'aujourd'huy estoit alors fort jeune, & vn
de ses Oncles du costé de son pere, nommé George Lipardian, gouuerna durant
son bas aage. Il espousa depuis la fille d'vn Prince des Abcasses de la famille de
Sciarapsia, fort aimée de ces Peuples. Lipardian, quoy que fort aagé, se maria aussi
& prit vne jeune Dame nommée Dareggian de la Maison de Ciladze; Cette Princesse prenoit plus de plaisir à la conuersation de Dadian qui estoit de son aage,
qu'en celle de Lipardian son mary, & cependant que Dadian ne songeoit qu'à se
satisfaire dans la passion qu'il auoit pour elle; son premier Ministre ou Vuisir
nommé Paponia l'insinua dans l'esprit de la Reine auec vn si grand éclat dans
tout le pays, que Dadian la repudia, conformément aux loix de l'Eglise Grecque,
& luy ayant fait couper le nez, la remena à la teste d'vne Armée iusques sur les
terres de son Pere. Pour son Ministre il se contenta de le tenir en prison & de le
mettre entre les mains du Prince de Guriel son Cousin. Dadian plus amoureux que
iamais de la femme de son Oncle, l'enleua de sa Maison, & la fait reconnoistre
de tous ses sujets pour Dalboda ou Reine. Cependant que dans le Palais de Dadian
on celebroit, auec toutes sortes de réjouissances, ces nopces incestueuses, Lipardian fit faire chez luy les funerailles de sa femme, comme si elle fut morte; il
s'habilla de deüil auec toute sa Cour, & la pleura quarante iours, selon la coustume du pays. Chacun prend party dans cette querelle, & Lipardian se trouua suiuy de forces tres-considerables: mais ayant esté empoisonné dans ces preparatifs, sa femme demeura Reine, & le pays auroit esté en repos, si ce Vuisir que ie
viens de dire, pour se mettre à couuert de la vengeance de Dadian, n'eut porté le
Prince de Guriel à luy faire la guerre, & n'eust traitté vne ligue entre luy, les Abcasses & le

& le Prince de Basciacivck ; le dessein des ligués estoit de faire mourir Dadian & mettre en sa place vn de ses Freres nommé Ioseph. On pratiqua, pour executer la conjuration, vn de ces Abcas, qui donna vn iour vn coup de Lance par derriere à Dadian lorsqu'il estoit appuyé contre vne Balustrade. L'assassin s'enfuit, & l'on n'en a iamais entendu parler depuis. On arresta vn des Officiers qui estoit derriere le Prince dans le temps que le coup luy fut donné, il confesse la conjuration. Le Visir fut estranglé & son corps diuisé en plusieurs pieces, fut mis dans vn Canon chargé, & le feu y ayant esté mis, fut ainsi brisé en mille pieces. Il fit creuer les yeux à son Frere, que les Conjurés vouloient mettre en sa place, & ne luy laissa qu'autant de reuenu qu'il en falloit pour suruiure à son mal-heur & à son crime. Il prit prisonnier le Prince de Guriel, luy fit creuer les yeux, luy osta sa femme, son fils, & donna ses Estats au Patriarche son Oncle, nommé Malachia : Guriel fut ainsi puny non seulement de ce crime, mais aussi de la Sceleratesse auec laquelle il auoit fait mourir son propre pere. La tradition du pays veut que Dadian ait fait aussi mourir en ce temps-là les enfans qu'il auoit eu de sa premiere femme, porté à cela par le conseil de la nouuelle Reine, qui vouloit mettre les siens en leur place. Dadian fait apres la guerre aux Abcasses, qui durant le temps de ces troubles auoient fait des courses dans son pays pour vanger l'affront fait à sa premiere femme fille de leur Prince. Il subjuga ces Peuples, & comme il ne pouuoit tirer d'eux aucun tribut d'or ny d'argent, il se contenta d'vne certaine quantité de Chiens de Chasse & de Faucons, qui est ce qu'il y a de plus rare dans leur pays. Dadian estant venu ainsi about de la guerre ciuille, tourna toutes ses pensées à se rendre Maistre d'Imereti, dont le Prince a esté autrefois son Souuerain : il luy fait la guerre, & quoiqu'il n'ait pas encore pû s'en rendre entierement Maistre, à cause que ce Prince a vne retraitte asseurée dans le Chasteau de Cottatis, qu'il n'a pas pû forcer iusques à cette heure, il a neantmoins tellement ruiné ses Estats qu'il sera toûjours plus puissant que luy.

Le Prince qui regne maintenant a de grandes qualitez, & s'il auoit esté nourry dans vn pays plus ciuil auroit esté vn des plus grands Princes de son siecle, il est fort esloigné de toutes les debauches de bouche ausquelles ceux de son pays sont fort sujets, quitte méme souuent le manger pour ses affaires & pour la chasse, infatigable au reste dans les occasions de la guerre, prompt, secret, braue, aimant ses sujets, les secourât en toutes leurs necessitez ; l'on neparle plus dans ses Estats des violences qu'on y faisoit autrefois, & tout le monde y vit dans vne grande quietude, il se gouuerne fort sagement auec les Turcs, & Sultan Murat, au temps de la guerre qu'il faisoit au Persan luy ayant enuoyé dire qu'il le vint trouuer au Siege de Kerauan, il respondit que luy ny ses Ancestres ne s'estoient iamais engagez à le suiure, & que le tribut qu'il luy payoit estoit volontaire : l'autre addresse dont il se sert aupres d'eux est de leur faire croire que la Mengrellie est le plus mauuais pays du monde. Quand il reçoit des Ambassadeurs de Constantinople, il enuoye des gens sur la frontiere de ses Estats qui se chargent de leur conduite, & les font passer par des rochers, de grands bois, de mauuais chemins, & aux passages des riuieres choisissent tousiours les Gués les plus mauuais, la nuit on les fait loger dans de pauures Cabanes, où pour tout regale ils n'ont qu'vn peu de paille & de fromage. Quand ces Ambassadeurs sont conduits à son Audiance, il les reçoit au pied de quelque Arbre, assis sur vn vieux tapis, mal habillé, accompagné d'vn grand Cortége, mais de gens tout mal vestus. Au sortir de l'audiance on loge l'Ambassadeur dans vne mauuaise maison, où à peine il peut estre à couuert, & on le traitte si mal que lorsqu'il est à Constantinople, il parle de ce pays comme du plus disgracié pays du monde. Il fit creuer les yeux, il n'y a pas long-temps, à vn de ses Ministres, qui machinoit de faire soufleuer ses sujets, il a attiré dans ses Estats des Iuifs & Armeniens, & par leur voye le commerce. La monnoye y a maintenant cours; il tire beaucoup de profit de celle qu'il y fait battre : fait venir des Ar-

Qualitez du Prince qui y regne maintenant.

tifans de tous coftez, & pour les y arrefter il les marie & leur donne quelque eftabliffement. Il fait auffi tous les iours de grands dons aux Eglifes & aux Ecclefiaftiques, & il n'y manque que de bons Architectes pour baftir de grandes Eglifes, car de luy mefme il y feroit fort porté.

Les Mengrelliens font diuifez en Seigneurs Gentil-hommes, Saccurs ou riches Diuersestats de ceux du pays. perfonnes, & gens du peuple, qu'ils nomment Moinali. Les gentil-hommes qui ont quelque titre s'appellent Ginafca, les autres Ginandi. Il n'y a que les Ginafca qui puiffent auoir des Gentil-hommes à leur feruice. Les Gentils-hommes ordinaires ou Ginadi fe feruét des Saccurs & des Moinali, il n'y a point de Nobleffe confiderée que celle-là : le Prince mefme prend fouuent alliance dans leur Maifon : perfonne ne peut s'auancer au de-là du rang dans lequel la fortune l'a fait naiftre : celuy qui eft né dans la derniere claffe du peuple, n'en fçauroit fortir quand il feroit le plus riche homme de tout le pays. Les Ginafca ou Seigneurs ont les mefmes Officiers que le Prince, mais non pas en pareil nombre. Les Saccurs feruent les Gentil-hommes, leur font la Cour, les fuiuent à cheual dans leurs voyages & à la guerre, & dans leurs autres befoins. Enfin les derniers du peuple leur portent du bois, les fuiuent à pied & portent leurs hardes fur leurs efpaules lorfqu'ils voyagent. Outre ces couruées ils les doiuent encore traitter, qui deux, qui trois fois l'année felon la quantité des terres qu'ils tiennent de luy : les plus riches doiuent vne Vache de reconnoiffance auec vne Charette chargée de Millet, de pain, de vin, & de volaille. Outre cela ils doiuent loger tous les Eftrangers que les Gentils-hommes leur enuoient, & les receuoir eux-mefmes chez eux toutes les fois que l'enuie les prend d'y aller. Ils font Iuges fouuerains de la vie & de la mort de leurs fujets. Quand vne famille eft efteinte, ils heritent de fes biens, & fouuent quand elle eft reduitte à vne feule perfonne, ils la vendent au Turc pour en profiter : ainfi leurs plus grandes richeffes confiftent à auoir beaucoup de Vaffaux, c'eft fur ce pied-là qu'on iuge de leurs puiffances, & ceux-là font eftimez les plus riches de tous, qui ont tant de vaffaux qu'ils leur fourniffent tous les iours tout ce qui eft neceffaire pour l'entretien de leur maifon.

Leurs maifons ordinaires ne font point diuifées par apparremens, elles côfiftent Maisons, Bastimens. en vne grande Salle, dans laquelle maiftres, valets, hommes & femmes viuent enfemble fans eftre feparez l'vn de l'autre. Il y a toufiours du feu l'hyuer au milieu de la Sale, & la muraille eftant de bois & le toict de paille, il n'y a perfonne qui fe puiffe affeurer que fa maifon doiue durer tout vn iour : le feu les reduit quelquefois en cendre en vn moment, ou le vent les découure. Ces Sales font enfumées & obfcures, car elles n'ont point d'autre iour que celuy qu'elles tirent de la porte. Ils ont les plus beaux payfages du monde, & quittent fans regret ces Maifons, d'vne architecture fi facile, toutes les fois qu'ils veulent changer de Pofte. L'Hyuer ils fe mettent dans les bois, qui les couurent du vent, & où ils ont le plaifir de la chaffe. L'efté ils cherchent leurs demeures fur les collines : & dans les moyennes faifons ils choififfent des lieux où ils puiffét iouïr des plaifirs de l'vne & de l'autre des deux faifons : mais ils s'efloignent toufiours des bords de la mer à caufe du mauuais air de ces lieux, & de la crainte des Pirates. Le Prince a plus de cinquante Palais, entre lefquels celuy de Zugdidi eft le plus beau : il eft bafty d'vne fort belle pierre, les dedans en font ornez à la Perfanne : ils ont tous ordinairement deuant leurs maifons vn pré fermé d'vn foffé & d'vne haye : ils y plantent pour auoir de l'ombre des arbres, dont les branches font la figure d'vne pomme de pin. A l'entour de ce pré, ils dreffent des chaumieres auec quelque diftance l'vne de l'autre, de peur que le feu ne les brûle toutes en mefme temps. Celle qui eft la plus proche de l'entrée du pré, fe nomme Ochos, où ils reçoiuent les Eftrangers. Apres fuiuent les autres, qui font deftinez ou pour celliers, ou pour garderobbe, & celles-là font plus fortes que les autres, & faites en forme de tour. Le premier planché en est enleué de terre, car autrement on pourroit creuser au dessous des murailles, outre que l'humidité gasteroit les meubles : Toutes ces chaumieres estant disposées de la sorte à l'entour de la haye qui ferme le pré, dans les maisons des Gentils-hommes, l'on bastit vne Chapelle au milieu du pré, pour n'estre point obligez d'aller chercher la Messe plus loin. On ne sçauroit croire combien d'auantage ils tirent de cette maniere d'habitations ainsi esloignées les vnes des autres, y trouuant en mesme temps la liberté de la vie de la campagne, & les plaisirs de la Ville.

Ce Peuple cy est si pauure qu'il est reduit à vn lambeau de drap de laine, qui leur descend depuis la ceinture iusques sur le genoüil ; les personnes de condition s'habillent d'estoffes estrangeres, mais à leur ceinture de cuir qu'ils portent couuerte de plaques d'argent, ils attachent, outre l'espee, toutes les choses qui peuuent estre necessaires dans vn voyage, vn Couteau, la pierre pour l'esguiser, vne eguillette de cuir, large de trois doigs & longue de demie aulne, vn fusil pour allumer du feu, vne petite bourse pleine de sel, vne autre pleine de poivre & d'autres espices, vne alaisne, du fil, vne aiguille, & iusques à vne petite bougie de cire. Leurs chemises sont trauaillées auec de l'or à l'endroit du col, & par en bas, & afin que l'on voye ce trauail, ils la tirent hors de leurs chausses, & la veste qu'ils portent dessus est plus courte que la chemise. Pendant les grands froids ils mettent vne espece de iust'au-corps doublé de fourrures, leurs bonnets sont en pointe ; ils trouuoient l'vsage de nos chappeaux fort commode, mais comme il n'y auoit personne dans le pays qui les pût imiter, ils en firent auec de l'osier, couuert de toile cirée ; d'autres les faisoient de drap auec vn carton dedans, il y en eust mesme qui en firent de menuserie, mais tous mettoient ces chappeaux sur leurs bonnets, & ne s'en seruoient qu'en temps de pluye, ou contre l'ardeur du Soleil.

La pauureté du pays plustost que leur vertu & leur abstinence, a banny toutes sortes de luxes de leurs festins, cela n'empesche pas qu'ils ne fassent excez du peu qu'ils ont ; pour regal les iours de Festes, ils pilent du Millet dans vn Mortier, en ostent l'escorce, le lauent, le cuisent, & l'ayant reduit en consistance de paste molle, le seruent sur vne pelle à leurs conuiez ; cette paste leur tient lieu de pain, dont l'vsage est rare parmy eux : ils ne seruent point de sieges, & si l'on sert vne planche de bois ou table deuant eux, elle fait aussi le seruice de plat, car on jette dessus la viande, & quand ils ont à seruir quelque chose de liquide, ils font vn trou dans la paste du Millet, & le mettent dans cette cauité, au lieu de table on estend deuant le Prince vn cuir qui a trente ou quarante palmes de long, si gresseux & si sale qu'il degouste ceux qui le voyent. Dans les grands repas l'on fait rostir des Bœufs, des Porcs & des Moutons entiers, ils les seruent sur des Ciuieres : pour la volaille, apres qu'elle est cuitte, ils la portent toute embrochée à l'entrée du lieu où on la doit manger, & ordonnent ces broches comme le seroient les armes d'vn corps de garde : on sert premierement le gomo ou millet, celuy qui en a le soin court d'vn bout de la table à l'autre auec vne pelle, & en sert à chacun : ils donnent apres aux plus honnestes, de la paste de gomo ou millet plus fine, auec vne petite pallette, cependant que le Cuisinier met le rosty en pieces. On sert toussiours à la personne la plus considerable l'espaule. Pour faire leur brindes lorsque le Coupier leur presente la tasse, ils le prient de la presenter à celuy auquel ils le font, qui s'approchent de ses levres, en gouste vn peu, & apres auoir nettoyé l'endroit où il a porté la levre, la renuoye à celuy qui luy a fait le brinde, qui la boit tout entiere. Ils ont en grande estime ceux qui boiuent beaucoup sans s'enyurer. Ils auoient vn homme dans le pays, si renommé par cette vertu, que Sephy Roy de Perse le demanda au Prince Dadian : il fut en Perse, & s'estant esprouué plusieurs fois auec les plus braues du pays, il en remporta toussiours la victoire & le prix de ces combats. Le Roy mesme voulut vn iour mesurer

Habits.

Leur nourriture.

Leurs débauches.

ses forces auec luy, & beut, ce disent-ils, auec tel excez qu'il en mourut, & Scedan
Cilaze ce fameux beuueur retourna en grand triomphe & fort riche en son pays.

Agriculture.

Tous les Mengrelliens s'appliquent à l'agriculture, auec d'autant plus de raison
qu'on ne leur apporte point de grain d'ailleurs, la plus grande fatigue apres que
le grain est semé, est de le serfoüer, pour empescher que l'herbe ne l'estouffe, elle y
croit en grande abōdance à cause de l'humidité du pays. Toute la cāpagne est plaine dans ce temps-là de gens qui trauaillent, la fatigue en est grande à cause de la
chaleur, mais ils la rendent moins fascheuse par la bonne chere qu'ils font à ces
gens de trauail & par de certaines chansons qu'ils chantent & qu'ils les tiennent
de belle humeur, outre que l'air en est accommodé au trauail & comme dans la
danse les pas s'accordent à la cadance, aussi dans ces chansons leurs airs s'ac-
commodent aux coups qu'ils donnent, dans vne trouppe de quarante hommes
l'on en choisit deux qui battent cette Musique rustique, & afin que les battues
soient plus courtes, & qu'ainsi le trauail s'auance d'auantage, ces Maistres de Musique ont double pitance, le trauail de la iournée estant finy, ils marchent en files
tousiours chantant vers la maison de celuy qui les employe, où on leur fait vn
grand repas, on leur donne du vin, & afin de n'en pas manquer en ce temps-là, ils
consacrent au temps de la vendange quelque tonneau de leur meilleur vin à
S. George, luy promettant de n'y point toucher qu'au temps de la Feste de Saint
Pierre & de Saint Paul, qui est le temps de ce trauail, personne n'oseroit y toucher, leurs Prestres leurs ayans fait croire qu'il y va de la vie à rompre ce serment, & ce iour estant venu, ils menent vn de leur Prestre dans leur celier, lequel estant vestu de ses habits Sacerdotaux, recite quelques Oraisons sur ce vin,
perce le tonneau & en enuoye vne bouteille à l'Eglise de Saint George. La
terre, comme i'ay dit, est fort humide, les pluyes feroient souuent verser le bled,
si elle estoit en labour, ainsi ils sement quelquesfois sur la terre ainsi trem-
pée sans la labourer, ce qui leur reüssit. Entr'autres herbages ils ont beaucoup de
Choux, i'en ay veu dont le tronc pesoit bien dix liures, ils les gardent ainsi pour
le Caresme, ils leur font bouillir vn bouillon, puis ils les mettent auec du Sel
dans vn Muid où il y a eu du vin, ils y adioustent des herbes de bonne odeur, iettent
de l'eau dessus, qui en moins d'vn mois deuient aussi forte que du vinaigre, les
pauures gens n'ont point de nourriture plus ordinaire que celle-là.

Chasse.

Comme ces Peuples passent toute leur vie à la campagne, aussi n'ont-ils point
d'exercice plus ordinaire que la chasse, tout le monde en prend le plaisir: &
c'est vn prouerbe dans le pays, que la felicité des hommes consiste à auoir vn
Cheual, vn bon Chien & vn excellent Faucon. Au lieu de tournois le Prince fait
des Chasses solemnelles, où tous les Grands du pays sont inuitez, mais celle
que Dadian aime le plus, se fait au temps du rut des Cerfs, ils entrent dans le
plus fort des bois au lieu où ils les entendent & les tirent à coups de
Fleches, dans le temps qu'il portoit le deuil de sa femme, & que la
bien-seance l'empeschoit de prendre ce plaisir, il alloit aux lieux où il pouuoit
entendre le bruit que font les Cerfs, dans ce temps-là se consoler par cette musique, de la contrainte qu'il souffroit.

Leur ma-
niere d'en-
terrer les
morts.

Quand vn de leurs parents ou amis est à l'agonie, par vne charité barbare,
ils luy ostent le cheuet de dessous la teste, & tout ce qui la peut soustenir, & la laissant pendre de la sorte, le malade est promptement estouffé: alors tout le monde
de la maison se deschire le visage, s'arrache les cheueux, & cette crierie sans
ordre estant finie, ils se preparent en cette sorte à le pleurer plus reguliere-
ment, les parens, ceux mesmes de la premiere condition, ostent leurs habits, paroissent nuds iusqu'à la ceinture. La trouppe se diuise en deux chœurs, qui se re-
pondent l'vn à l'autre repetant plusieurs fois Ohi Ohi, durant le temps du
deüil, qui dure quelquesfois iusqu'à trois ans, leurs personnes & toute leur maison portent les marques de leur tristesse, l'Euesque dit vne Messe solemnelle

pour le deffunt, & tire grand proſit de ces Meſſes, elles luy valent ordinairement plus de cinq cens eſcus : & comme le Roy proſite de la dépoüille des Eueſques quand ils meurent, ſon intereſt fait qu'il tient la main à entretenir cette couſtume. Apres la Meſſe on fait vn feſtin à l'Eueſque, & on donne de belles veſtes à tous les Eccleſiaſtiques qui y ont aſſiſté. La plus grande deſpenſe que font ces Peuples, ſe fait dans ces occaſions, car elle paſſe plus loin, l'on inuite le Prince à venir pleurer le deffunt : l'on met ſous vn Pauillon ſes Chiens, ſous vn autre ſon Cheual, pour ſon eſpée on en dreſſe vn troiſieſme, & ainſi des autres choſes dont il s'eſt ſeruy. Le Prince ayant le corps nud iuſqu'à la ceinture, & les pieds nuds, ſe met à genoux ſous chacun de ces Pauillons, ſe donne quelques coups par le viſage, pleure, fait ſes oraiſons, & à la fin trouue vn grand feſtin à la maiſon de celuy qu'il a inuité, & vn preſent pour finir cette feſte. Le lendemain de Paſques, eſt leur iour des Treſpaſſez, ils portent à manger ſur la tombe des morts, ils y mettent vne cage couuerte de fleurs auec des cierges allumez ; le Preſtre benit les viandes, qu'ils portent en ſuite à l'ombre de grands Arbres qui ſont deuant l'Egliſe, chaque famille ayant le ſien, ils paſſent le reſte de la iournée à ſe preſenter les vns aux autres ce qu'ils ont de meilleur, croyant que la chere, auec laquelle ils ſe regalent de la ſorte, eſt fort meritoire, & tient lieu de ſuffrages pour les ames de leurs parens morts.

Ces Peuples ſont fort cruels, & ceux du pays qui ont de l'authorité, s'en ſer-nent ſans aucune humanité contre leurs ſujets. Ie me ſouuiens qu'vn de ces Sei-gneurs, qui auoit vn priſonnier qui luy ſeruoit de Tailleur, luy fit couper vn des pieds, de peur, diſoit-il, qu'il ne s'enfuit. Entre tous les chaſtimens dont ils pu-niſſent les Criminels, ils tiennent que d'oſter la veuë à vn homme, eſt vn des plus grands : ils le font de cette ſorte. On plante quatre pieux en terre, l'on y at-tache le Criminel par les pieds & par les mains, en ſorte qu'il ne puiſſe faire au-cun mouuement, ils ont deux petits laſtres ou plaques de fer de la grandeur d'vn ſol, attachées au bout de deux ferremens qui s'vniſſent en vn manche de bois : ils les font rougir au feu, & les appuyans ſur les yeux du Criminel, ils luy oſtent ain-ſi la veuë auec vne douleur extrême, qui paroiſt aſſez dans ſes effets, car tout le viſage & la poitrine leur enfle, ils ſont trois ou quatre iours ſans pouuoir manger ; quand ils coupent le poing aux Criminels, ils le font auec vn fer rougy, diſant que cela empeſche le ſang de ſortir des veines, & oſtent auec vn baſton la moüelle des os, depeur, adjouſtent-ils, qu'elle ne pourriſſe. Lorſque le crime eſt leger, que le Volleur a eſté ſurpris, par exemple, en prenant quelque Vache, il en eſt quitte pour payer quinze fois la valleur de la choſe vollée, dont le Roy a vn tiers, l'autre la Iuſtice, & le reſte celuy qui a eſté volé. Si le crime n'eſt pas aueré, on met vne Croix au fonds d'vne chaudiere pleine d'eau, on la fait boüillir en fai-ſant vn grand feu deſſous, y employant du bois de ſerment : l'accuſé eſt obligé de mettre le bras dedans & d'en retirer la Croix, au ſortir on luy met le bras dans vn ſac, on le lie, on le cachete, & trois iours apres on le deſcouure; s'il n'y paroiſt point de marque de bruſlure, il eſt declaré innocent. Quand les preuues ſont moins fortes & les crimes de moindre conſequence, on les fait iurer ſur les ima-ges de leurs Saints, mais il eſt ordinaire de manquer à ces ſermens ; & quand ils ſçauent ſur quel Saint on les doit faire iurer, ils vont auparauant deuant cette Image, luy confeſſent leur crime, & l'aduertiſſent que le lendemain ils diront tout le contraire de ce qu'ils ont confeſſé, qu'ils ne s'en faſchent point, qu'ils leur ſacrifieront vn Mouton par exemple. C'eſt pourquoy ceux qui ſont reduits à s'en rapporter à leur ſerment, ſe gardent bien de leur dire ſur quelle Image ils ont deſſein de les faire iurer.

On fait quelquefois combatre enſemble ceux ſur leſquels tôbe le ſoupçon d'vn crime, ils courent la lance en arreſt l'vn contre l'autre, & celuy qui eſt bleſſé le premier eſt puny comme coupable. Les veufues qui ſe remarient, ſi elles ſont

Punition des Crimi-
nels.

Maniere d'averer les Crimes.

† iij

grosses de leur premier mary, ne font point de scrupule d'enseuelir tous vifs les enfans qui en viennent: ce qui est encore ordinaire aux pauures gens, lorsqu'ils ne se croient pas assez riches pour les nourrir. Ie representay au Prince l'horreur de cette action, sa response fut qu'il n'y sçauoit point de remede, & qu'il ne pouuoit pas tenir de registre des femmes qui accouchoient dans ses Estats.

Du costé de la terre, la Mengrellie est fermée du Mont Caucase, & la ferocité des peuples qui l'habitent empesche que les prisonniers ne puissent sortir de ce costé-là. Le Pont Euxin le ferme d'vn autre, & les riuieres du Phase & du Corasse, qui ne sont pas guayables, rendent la sortie du pays fort difficile: ainsi les Esclaues ou Prisonniers n'en peuuent quasi sortir, & ils se contente mesme, aux Prisonniers d'Estat, de les obliger à porter vne grosse chaisne.

Les Mengrelliens n'ont point de loix escrites, & la Iustice ne laisse pas d'y estre mieux administrée, car par tout où il y a des loix, chacun tasche de les expliquer à son aduantage: le sens commun est la loy de ces Peuples, dans les affaires qui ne sont pas de grande discussion c'est le Prince qui en est le Iuge, qui les decide à table, à la chasse, & par tout où il se trouue: les plus difficiles se terminent de la maniere suiuante. Les parties choisissent chacun vn Iuge, entre les mains de qui ils compromettent de leurs interests, & les Iuges prennent vn Rapporteur: on s'assemble à la campagne, le plus souuent à l'ombre d'vn grand Arbre: le demandeur paroist le premier, expose sa demande & ses moyens: apres auoit acheué il se retire & laisse la place à sa partie, à laquelle le Rapporteur expose ses pretentions: le deffendeur fait sa response auec la mesme liberté: l'on fait reuenir le demandeur, qui s'estoit esloigné, & le Rapporteur luy communique la response & la deffense qu'on a fait à ses demandes, & n'ayant plus rien à dire ny l'vn ny l'autre, les Iuges prononcent. Cette maniere de iuger meriteroit d'estre pratiquée par des Nations plus ciuils, aussibien qu'vne autre coustume qu'ils ont dans leurs affaires, de ne s'addresser iamais directement à la personne à qui ils ont quelque chose à demander, mais se seruir tousiours de l'entremise d'vn de leurs amis communs: car il s'en termine tousiours beaucoup de la sorte, là où ailleurs, l'aigreur auec laquelle l'on fait ses demandes en fait naistre de nouuelles.

Toute la difficulté du traitté de leurs mariages, se reduit aux presens qu'on est obligé de faire aux parens de la femme. De mon temps on traicta le mariage du Prince d'Odisci auec vne Fille du Prince de Circasses nommé Casciach Mepe: le Prince demandoit pour sa Fille cent Esclaues chargez de toutes sortes de draps & de tapis, cent Vaches, cent Boeufs & cent Cheuaux. Quand le futur espoux va voir sa Maistresse il est obligé d'y porter du vin & quelque boeuf, les Parents en font bonne chere: le iour des nopces, si l'Euesque ou le Curé ne se trouue point pour les celebrer, ils vont dans leurs Caues, lieu qui n'est pas moins reueré chez ces barbares que les Eglises. Le Prestre tient deux couronnes, & en mettant vne sur la teste du mary, il dit, soit couronné N. N. seruiteur de Dieu, pour la seruante de Dieu N. il met l'autre sur la teste de l'espouse, & dit soit couronnée la seruante de Dieu N. N. pour le seruiteur de Dieu N. Il prend ensuite vn verre plein de vin, le presente aux espoux, leur Parain tenant cependant leurs couronnes, & apres qu'ils ont beu le Parain leur coupe le fil qui attachoit leurs habits: & c'est-là toute la forme de leurs mariages sans qu'il se parle du consentement des mariez.

Tous les Mengrelliens vont à la guerre, & quoique le pays soit petit, le Prince met aisément trente mil hommes sur pied. Ordinairement chaque trente Maisons fournit vn homme, mais toute la Noblesse seroit obligée de suiure son Prince: & comme ces Peuples aiment fort la guerre, ils y portent auec ce qu'ils ont de meilleur, la nuict: pendant lequel temps il n'est pas ordinaire à ces Peuples de faire des entreprises: ce ne sont que réiouissances & que festins. C'est dans leur Carap à qui fera plus grande dépense, & c'est pour cette occasion aussi qu'ils gardent leurs plus beaux habits & leurs plus beaux meubles. A la Diane & au soir ils battent leurs tambours faits à la Persanne : ils sont de cuiure, semblables à des Tymbales : ils ont aussi des Trompettes droites, longues de cinq pieds ; ils en mettent tousiours deux ensemble qui se respondent l'vn à l'autre auec vn son plus terrible qu'agreable. Celles du Prince Dadian sonnent les premieres, apres celles du Prince Guriel, puis celles de Lipardian le plus puissant d'Odici, & ainsi les autres selon le rang de leurs Maistres : mais quand ces trouppes se sont rencontrées auec celles du Prince d'Imereti, à cause que ses ancestres ont esté les Maistres de ceux de Dadian, il luy rend ce respect de ne faire sonner les siennes qu'en second lieu.

Les Mengrelliens ne gardent aucun ordre ny disciple dans leurs combats, chacun choisit son ennemy, & la bataille est terminée en vn quart d'heure ; auec tout cela ils ne laissent pas de remporter tous les iours de signalées victoires sur les suiets du Prince d'Imereti ou Bachaciuck, quoique la nature, en les faisant les plus forts, & les mieux proportionnez Peuples du monde, semble les auoir formez auec intention de les en rendre Maistres : le Prince d'Imerety est tousiours sur la deffensiue, & lorsque Dadian entre dans ses Estats il se retire dans la Ville de Cotratis, & aduertit ses suiets de se retirer dans les Montagnes. Dadian entreprit dans ces derniers temps de s'en rendre le Maistre ; il y fit rouler de l'Artillerie ; mais comme il n'auoit pas de gens qui la sceussent seruir, il fut contraint de leuer le siege.

Entr'autres jeux & exercices ils ont le jeu du Ballon à Cheual, les ioueurs sont rangez en files, celuy qui est à la teste jette en l'air le Ballon, & ceux qui le suiuent taschent de luy donner vn coup d'arriere-main auec leur Raquette, de quatre ou cinq palmes de long ; le dernier qui le prend se met à la teste de sa file & recommance cet exercice.

Il n'y a pas de pays au monde où les Medecins soient mieux receus : ils estiment principalement les Medecins Italiens & François, & quand ils en rencontrent quelqu'vn, ils font ce qu'ils peuuent pour le marier & l'arrester dans le pays, pour eux ils n'ont point d'autres Medecins que certaines femmes, à qui l'experience a enseigné ce qu'elles sçauent de remedes : elles ne donnent point d'autre nourriture à leurs malades que du Millet, d'où ils ont osté l'escorce en le pilant dans vn Mortier, y adjoustant quelque feüille de Coriande, & quelque goutte de vin. Dans les plus grandes fieures ils couurent leurs malades de feüilles de Saulx ; ils ne purgent jamais leurs malades, mais à ceux qui se veulent purger par precaution ils donnét du suc de titimale, qui est vn purgatif fort violent. Ils se seruent de l'infusion de rubarbe pour guerir la fiéure ; & ie me souuiens que comme on eut ordonné à la Princesse de prendre de la confection de Iacinthe, l'ignorance du Medecin fut si grande, qu'il prit vne pierre de ce nom & se mit à la frotter contre vne pierre ordinaire, si-bien que la Princesse prit plustost de la raclure de pierre que de la confection de Iacinthe.

C'est assez pour passer pour grand Medecin en ce pays-là, d'auoir des purgatifs qui purgent beaucoup. Plus grande est l'éuacuation qu'ils font, & plus on estime ceux qui l'ont ordonnée, ie ne sçay si l'air du pays y fait quelque chose, mais ie voiois souuent que les remedes de nos Italiens, dans la dose ordinaire, n'auoient pas assez de force pour nous purger en ce pays là. Pour la fiéure, ils ont appris des Abcasses ce remede : ils mettent le febricitant tout nud dans l'eau la plus froide du pays, & le font tenir-là par deux hommes, fort long-temps, disant que c'est vn remede specifique pour ce mal.

Les Dames aussi-bien que les hommes vont à cheual dans leurs voyages, les Dames ont vn Chappeau de drap qui a la forme pointuë, est fourré de Zibellines auec des Brodequins fort propres & brodez. Elles se font suiure de toutes leurs Damoiselles fort lestes : vn Valet porte vn marche-pied couuert de velours & garny d'argent, pour leur seruir à monter & descendre, & quand la Cour fait voyage, il ne se peut rien voir de plus galand, que ces diuerses trouppes de Dames qui suiuent la Princesse, & sont si bien à cheual, qu'on les prendroit pour des Amazones.

Ils sont fort charitables enuers les voyageurs, les plus grands Seigneurs se croient

obligez de seruir ceux qui ont besoin de leurs aydes dans ce rencontre ; & la Princesse vn iour ayant trouué vn pauure qui se mouroit de froid, ses Courtisans faisans
difficulté d'obeir à l'ordre qu'elle auoit donné, de se prendre en croupe, elle le fit
mettre derriere vne Fille naturelle du Prince.

Lorsqu'ils se saluent, ils mettent vn genoüil en terre les vns deuant les autres, &
i'ay remarqué encore cette particularité, qu'ils donnent vne ceüillere pleine de sucre à ceux qui leur apportent quelque bonne nouuelle : le Prince mesme
la met de sa main dans la bouche de ses Couriers ; mais auec cela de plus, que le
Courier en s'auançant vers luy marche sur vn tapis de velours que l'on estend ex-
prez pour le receuoir.

Ces Peuples reconnoissoient autrefois le Patriarche d'Antioche, ils reconnoissent presentement celuy de Constantinople, mais cette reconnoissance ne consiste
qu'à donner quelques aumosnes au Prestre qu'il enuoye pour les ramasser. Ils ont
du reste deux Patriarches de leur Nation, qu'ils appellent Catholiques. Celuy
de la Georgie a sous luy les Prouinces Cartuli ou Cardueli, Gagheti, Baratra-
la, & Samsché ; celuy d'Odisci les Prouinces d'Odisci, d'Imereti, de Guriel,
des Abcasses & des Suani. Dadian s'est vsurpé auec l'Estat d'Odisci, l'authorité d'esli-
re des Patriarches de cét Estat, ce Patriarche a presqu'autant de reuenu que le
Prince mesme : il est continuellement en visite des lieux de sa dependance, &
au lieu d'auoir soin de son troupeau, il le ruine par ces visites si frequentes : il ne
fait point d'Euesque qu'il n'en tire cinq ou six cens Escus. Le grand Vuisir luy
donna vn iour quatre-vingts Escus pour vne confession, il ne s'en contenta pas,
& comme le mesme Visir estant malade au lit de la mort l'enuoya querir pour
se confesser vne autre fois, il fit response qu'il ne meritoit pas qu'il prit cette
peine, l'ayant aussi mal reconnu qu'il auoit fait la premiere, il l'obligea par-là
luy promettre vne plus grande somme : & ce qui est de plus estrange, c'est que tous les
trois ou quatre ans il porte au S. Sepulchre de Ierusalem tout l'argent qu'il a
amassé, par des voies si honteuses : croyant que ces presents & ces offrandes l'asseu-
rent du Paradis. Il y auoit autrefois douze Euesques dans le pays, il n'en reste
plus maintenant que six, car six de ces Eueschez ont esté conuertis en Abbayes.
D'Andra est le premier de tous les douze Eueschez, il est situé sur la riuiere du Corax ;
Moquis est le second, Bedias le troisiesme, Ciais le quatriesme, qui tire son nom
de la Montagne où il est situé, Scalingicas est le cinquiesme, l'Eglise principale est dediée à la Transfiguration de nostre Seigneur, & c'est-là que sont les sepultures des Princes du pays. Scondidi est le sixiesme, l'Eglise est dediée aux Martyrs.
Les Abbayes sont Chiaggi, Gippurias, Copis ou Obbugi où estoient autresfois les
sepultures des Princes qui ont esté transferez depuis Scalingicas. Sebastopoli est
la cinquiesme, mais les eaues s'ont ruinée ; la sixiesme estoit Anarghia, autrefois
appellée Heraclea. Ces Euesques sont plus riches que pas vn Seigneur du Pays,
ils viuent dans vne dissolution fort grande, il y en a qui tiennent trois & quatre femmes chez eux, & de mon temps vn d'eux vendit Esclaue au Turc le mary d'vne femme qu'il aimoit, pour en iouïr auec plus de liberté. Ils font tous
les iours le mesme pour se rendre Maistres des richesses de leurs Diocesains, &
cependant à cause qu'ils ieusnent fort exactement le Caresme, ils croient estre
infiniment plus reguliers que les Prelats de l'Eglise Romaine.

Ils croient qu'il n'y a point de si grand peché que l'on ne puisse effacer en faisant vne
bonne œuure, ainsi ils ne se confessent que rarement : mais quand ils se trouuent chargez de quelque crime, ils font vn present à l'Eglise, & s'en croient
par-là absous : ce qui leur est bien plus facile que de satisfaire à la rigueur des
Canons de l'Eglise Grecque où à l'auarice de leurs Confesseurs, qui exigent de
grandes sommes pour l'absolution qu'ils demandent. Ils ont vne autre maniere
encore plus aisée de purger leur conscience, c'est ietter vn grain d'encens dans
le feu apres l'auoir porté trois ou quatre fois à l'entour de leur reste. Leurs Ab-

bez &

Façons de
faire.

Estat Ec-
clesiastique
du pays.

bez & leurs Prestres imitent les Euesques dans leurs debauches & dans leur ignorance. I'ay montré plusieurs fois à leurs Prestres vn Alphabet de la langue Georgienne, dans lequel ils disent la Messe, & i'ay trouué que la pluspart n'en connois-
soient pas vne seule lettre.

Cette ignorance, commune à tous leurs Ecclesiastiques, leur a fait perdre la forme des Sacremens, ils ne baptisent les enfans qu'à l'âge de 3. ou 4. ans, ils les
conduisent dans le Cellier, qui est le lieu où se doit faire la ceremonie; le Prestre
vestu de ses parements, benit vn grand vaisseau plein d'eau selon le Rituel
des Grecs, & se contente de lire ce qui est escrit dans ce Rituel, sans faire rien
de ce qu'il prescrit, & laisse à faire le reste au Parain, lequel prend vn peu de leur
Miron ou Huille sacrée au bout d'vn baston, en marque l'enfant, les assistans le lauent apres dans l'eau beniste par le Prestre. Quand l'Eglise est fermée, ils ne font
point de difficulté de dire la Messe sur le seuil de la Porte de l'Eglise, leurs Calices
sont de bois, vne courge leur sert de burettes & il n'y a personne qui ne fut scan-
dalisé de l'irreuerence auec laquelle ils la celebrent. Cependant on leur paye largement ces Messes on les regale d'vn repas, & de quelque baril de vin, mais leur
plus grand reuenu leur vient des Sacrifices. Ces Peuples croient que c'est le
seul moyen d'obtenir de Dieu tout ce qu'ils luy demandent, on conduit de bon
matin vne victime deuant le Prestre, qui recite sur elle quelques oraisons, en faisant
mention des Sacrifices de l'ancienne Loy, de ceux d'Abel, d'Abraham, de Salo-
mon, & d'autres. Il brusle auec vne Chandelle en cinq endroits le poil de la beste,
en forme de Croix, on fait tourner trois fois la victime à l'entour de celuy qui la
presente, tous les assistans luy souhaittant durant ce temps-là vne longue & heureuse vie. Cette ceremonie faite, on porte la victime à la Cuisine, cependant le
Prestre dit la Messe, apres laquelle il se rend à la maison de celuy qui la presentée,
on donne à chacun des assistans vn petit Cierge auec vn grain d'Encens, tout le
monde est debout, le Maistre du logis estant seul à genoux, deuant la victime, les
assistans portent à l'entour de luy le petit Cierge & le grain d'Encens allumé,
luy souhaittent encores vne heureuse vie, & le jettent apres dans vn brasier, on se
met ensuite à table, y en ayant vne particuliere pour le Prestre, sur laquelle on
sert certaines parties de la victime qui luy sont destinées, comme la poitrine, le
dos, le foye & la ratte, & à cause que c'est chair de sacrifice, il n'y a que le Prestre
qui en puisse faire porter le reste en sa maison auec la teste & la peau de la beste.

Ils tirent encore de grands profits des predictions qu'ils font par le moyen de
leurs liures, ou de petites boulles d'argót sur lesquelles il y a vne croix marquée; ils
font passer plusieurs fois le liure à l'entour de la teste de celuy qui les consulte, &
l'ouurant apres au hazard, & mettant de mesme le doigt sur quelque endroit, ils disent qu'ils ont trouué la response à l'interrogation qu'on leur a faite, que S. George par exemple a enuoyé la fievre au malade qui les consulte, qu'il est resolu de le
faire mourir, mais qu'il pourra appaiser sa cholere, en luy sacrifiant vn bœuf. Ils
font le mesme auec les petites boulles, iugeant, ce disent-ils, selon l'endroit ou se
rencontre la Croix qui y est marquée.

Ils croient auoir satisfait à tous les preceptes du Christianisme en obseruant
exactement les ieusnes qu'il prescrit. Le iour de Pasques on ne parle point de Confession ny de Communion. Ils vont ce iour-là 2. heures deuant le iour à l'Eglise,
mais c'est pour en sortir de meilleure heure, & commencer plûtost la débauche par
laquelle ils le solemnisét, & les autres festes pour lesquelles ils ont plus de deuotió.

Leur plus grande Feste est celle de Saint George le 20. Octobre, le Prince
se rend à Ilori pour y assister; il y vient toutes sortes de Peuples, iusques aux Aba-
casses & aux Soüans. L'Eglise de S. George est fermée d'vne enceinte de murailles qui ont bien quinze palmes de hauteur. La veille de la Feste, Le Prince y va
sur le soir accompagné d'vn grand Cortége, appose son scellé sur la Porte de l'E-
glise, le lendemain, apres auoir reconnu si on n'y a point touché, il leue le scellé,

& l'on ne manque point de trouuer vn Bœuf dans cette enceinte, le Peuple croyant fermement que Saint George l'y a fait entrer par vn miracle, & bastit sur cette supposition mille preiugez de l'aduenir, si le Bœuf se deffend de ceux qui le veulent prendre, il y aura guerre cette année-là, s'il est fort crotté, c'est vne marque que l'année sera fertille, s'il est plain de rosée, la vendange sera bonne, s'il a le poil roux, il s'ensuiura vne grande mortalité d'hommes & d'animaux, & aussi-tost toutes ces particularitez s'escriuent de tous costez comme vne chose de la derniere importance. Il y a vne famille qui a le priuilege de tuer ce Bœuf, ceux-là gardent dans leur maison, comme vne relique, la Hache auec laquelle ils les tuent ordinairement: le mesme a le priuilege de le couper en plusieurs morceaux, la teste auec les cornes se portent au Prince, il les enrichit d'or & de pierreries, & aux plus grandes Festes de l'année il boit dedans, il en enuoye vn autre morceau au Prince d'Imereti, lors mesme qu'il est en guerre auec luy. Le Prince d'Imereti regale liberalement le porteur d'vn si beau present, chaque famille du pays en a de mesme sa part, & tout le reste est diuisé par plusieurs petits morceaux au Peuple, qui les seche & les garde pour vn souuerain remede dans ses infirmités. Sur cette opinion que le S.t dérobe vn Bœuf cette nuit-là, ils croient qu'il leur est permis de faire le mesme, & il m'en cousta 2. Cheuaux qu'ils m'enleuerent: la verité est, côme ie l'ay appris de quelques Grecs qui se voulurent éclaircir du fait, & veillerent toute cette nuit, que les Prestres tirent le Bœuf auec des cordes dans l'Eglise, ce qu'ils font d'autant plus facilement, qu'ils ont fait accroire à ce Peuple trop credule qu'il y va de la vie à tourner les yeux dans ce temps-là vers ces murailles, & que l'on seroit percé de certaines pointes ou Fleches que l'on voit dans l'Eglise de ce Saint. Ils obseruent fort exactement le Caresme, & à l'austerité du jeûne des Grecs, ils y adjoustent la penitéce d'aller à pied pour ceux qui vont ordinairement à Cheual, les femmes vont nuds pieds, les trois derniers iours de Caresme ils ne prennent aucune nourriture, leur Caresme dure sept semaines entieres, ils le commencent le Lundy de la Quinquagesime, les Samedys & les Dimanches ils mangent deux fois le iour, obseruant les autres iours du Caresme en la maniere des Grecs, & ne mangeant que lorsque les estoilles paroissent.

Superstitiõs
des Mengrel-
liens. Il n'y a point de Peuple plus superstitieux que les Mengrelliens, cela se voit assez dans l'apprehension qu'ils ont de la Lune, qu'ils croient estre la cause de tous leurs mal-heurs, ils s'abstiennent en son honneur, de manger le Lundy de la viande; s'ils sont en voyage ils se gardent soigneusement de puiser de l'eau, disant que ce iour-là elle est infectée. Le premier qui découure la Lune nouuelle en aduertit les autres, ceux qui ont l'Espée au costé la tirent toute nue, ou leur cousteau, les autres la salüent en mettant vn genoüil en terre, auec mille autres superstitions, gardant par cette raison le Lundy comme les Iuifs le iour du Sabbat: ils chomment aussi le Vendredy, & il y a apparence qu'ayans receu le Christianisme au temps de Constantin, c'est de luy aussi qu'ils tiennent cette deuotion, car Constantin le faisoit chommer à l'honneur du iour de la Passion de nostre Seigneur. A la naissance de leurs enfans ils consultent le Curé & luy demandent ce qu'il deura faire pour estre heureux, le Curé, pour les entretenir dans cette creance, fait semblant de consulter ses liures, & leur donne pour conseil de s'abstenir, par exemple, de manger des animaux qu'on mange auec la peau, & autres aussi de cette nature. Ils ne portent point les corps de leurs morts à l'Eglise, mais tout croit au Cimetiere; on fait ensuite le Seruice dans l'Eglise, mettant en place du Corps, au lieu du mortuaire, la Pelle qui a seruy à faire la Fosse.

Ils parent les Façades de leurs Eglises des testes des Cerfs & des hures de Sangliers qu'ils ont tuez: ils croient que cét ornement est fort agreable à Dieu, que le bon-heur de leur chasse en dépend, & qu'il importe fort pour faire vne bonne pesche, que la barque du Pescheur ait esté faite en temps heureux, & que tous ceux qui y ont trauaillé ayent esté payez largement de leur salaire. Ils nous obligerét vn iour de ietter de l'Eau beniste sur vne de leur Barque sur le point d'aller à la Pesche ; & comme il s'y prit beaucoup de poisson, ils ont tousiours voulu depuis que nous fissions la mesme chose.

Quand ils sont en mer, & que le vent leur manque, ils chissent tous pour le faire reuenir ; & quand il est fauorable, ils ne souffrent point que l'on couse rien dans le vaisseau, ny que l'on se serue de fil ny d'aiguille, disant que le vent demeure pris dans les tours & retours que fait le fil. Ils attribuent souuent les disgraces qui leur arriuent, aux imprecations & aux enchantemens de leurs ennemis; iusques-là, que i'ay veu vn des principaux du pays, faire porter deuant luy quantité de petites Images & de Reliques au bout d'vn baston, pour purger l'air, ce disoit-il, de toutes ces malignitez ; quand ils font quelque marché, outre le prix de la chose, ils donnent encore quelque regale au Marchand, afin qu'il la benisse. Ils ne mettent iamais entre les mains de l'acheteur ce qu'ils vendent : ils le ietrent deuant luy ; car s'ils faisoient autrement, ce disent-ils, tout ce qu'ils ont dans leurs maisons en sortiroit, & seroit perdu, sans qu'ils y pussent apporter de remede. Quand les hommes font amitié ensemble, ils se touchent l'vn à l'autre le front auec vn peu de Miton ou huyle sainte ; & quand l'amitié se fait entre personnes de different sexe, l'homme presse auec les dents le bout du tetton de la femme ; & sont persuadez qu'vne amitié faite auec cette ceremonie doit estre eternelle.

Nous conseillâmes vn iour vn des Principaux du pays de manger de la viande, quoy que ce fust en Caresme, pour r'auoir ses forces abbatuës par vne longue maladie, dans le temps que l'on luy seruoit vn Faisan, on luy vint dire que le Patriarche luy enuoyoit vne Image miraculeuse ; il creut que si elle voyoit le Faisan, elle acheueroit de le tuer, au lieu de le guerir ; il fit reporter bien finement dans vne autre partie de sa maison fort éloignée, le plat qu'on luy auoit seruy, receust auec veneration l'Image, luy fit son oraison ; & quand elle fut sortie, il se seruit du conseil que nous luy auions donné. Mais ie craindrois d'ennuyer le Lecteur d'vn plus long recit de ces foiblesses qui sont infinies parmy eux. Ie rapporteray seulement vne maniere particuliere qu'ils ont à deuiner l'aduenir. Celuy des conuiez, à qui l'on a seruy l'os d'vne espaule de Mouton, par exemple, apres en auoir bien osté la chair, considere diligemment cét os ; & sur les remarques qu'il y fait à sa mode, il dit ce qu'il sçait de l'aduenir ; son iugement ainsi fait, il le redonne à celuy d'aupres de luy, & cét os fait ainsi tout le tour de la table. Vn iour que ie me rencontray à table auec eux, sur la fin on examina à l'ordinaire l'os d'vne espaule de Veau qu'on auoit seruy, cét os tomba enfin entre les mains d'vn ieune Esclaue Abassa de Nation, lequel, l'examinant comme les autres, dit qu'il falloit que l'on eut bruslé la maison de celuy de qui venoit ce Veau, & en effet la chose fut trouuée veritable, sans qu'il y eut aucun lieu de soupçonner qu'il eut pû auoir appris la chose d'ailleurs.

Quand ils ont à souhaitter de la pluye pour leurs grains, ils prennent quelque Image de grande deuotion, & la mettent tous les iours dans l'eau iusques à ce qu'il pleuue, & croient qu'ils luy ont l'obligation de la premiere pluie qui vient en suitte.

Ils n'auoient aucune monnoye auparauant que le Prince Dadian eut attiré le commerce des Armeniens dans le pays, elle ne sert même presentement que pour esgaler les eschanges qu'ils font de leurs marchandises; ce Prince en a fait batre dans ses Estats auec des Caracteres Arabes, semblable à celle qui a cours dans la Perse, nommée Abassi ; mais ceux du pays estiment d'auantage les reaux d'Espagne & les monnoyes estranges elle leur est d'autant moins necessaire, qu'il n'y a point de pauure homme qui ne tire de son iardin ou de son bestail ce qui est necessaire pour sa nourriture, & pour leurs autres necessitez, ils les ont par troc des Turcs, ou aux Foires du pays, dont la plus grande est celle du mois de Septembre, qui se tient deuant nostre Eglise de Cipourias ; l'autre, que ie ne dois pas oublier, se fait dans l'Eglise de

Saint George le iour de la ceremonie du Bœuf. Les Turcs portent de Constantinople des tapis, des couuertures de lit, des selles, des harnois de Cheuaux, des arcs, des flesches, des draps, du fer, du cuiure, de la laine, des toiles de coton, & en rapportent du miel, de la cire, du fil, des peaux de Bœuf, des Martres, des peaux de Castor, des Esclaues, & du bois de buys: Ils gagnent beaucoup sur ce bois, & pour la valeur de quatre cens escus de sel qu'ils apportent dans le pays, ils en tirent pour plus de cinquante mil escus de buys: les Seigneurs vendent souuent leurs subjets pour Esclaues, & de mon temps, vn de ces Seigneurs, qui vouloit auoir quelque chose des Marchands Turcs, qui luy demandoient dix Esclaues, pour les auoir plus aisement, car la chose s'estoit respandue dans son pays, & personne durant ce téps-là ne paroissoit deuant luy: il fit entendre aux Ecclesiastiques qu'il vouloit faire celebrer vne Messe solemnelle, apres laquelle il les regaleroit fort bien: il y vint 12. Prestres, il fit fermer l'Eglise apres qu'ils eurent dit la Messe, leur fit razer les cheueux & leur grande barbe, & les liura aux Turcs. I'ay veu les maris vendre leurs femmes aux Turcs sur vn simple soupçon, en ce rencontre le Seigneur du lieu a le tiers du prix de la vente, les parents de la femme en ont vn autre, & le mary le reste. On m'a dit mesme qu'vn Gentil-homme, pour auoir vn Cheual Turc qui luy plût, donna en eschange sa propre mere.

L'air de ce pays est fort humide, & cette humidité vient de sa situation: car d'vn costé il a le Mont Caucase, d'où il sort quantité de riuieres, les bois dont il est couuert empeschent que l'air ne soit agité, & le voisinage de la mer & les vents qui en viennent y apportent continuellement du brouillard & de la pluye. Les rosées y sont aussi fort grandes, & cét air humide & renfermé venât à se corrompre durant la chaleur de l'Esté, engendre beaucoup de maladies, principalement à craindre aux Estrangers, qui deuroient pendant l'Esté quitter les Vallons, demeurer sur les hauts & ne manger point de fruits, quoy qu'il s'y en trouue en grande abondance. Ceux du pays sont ordinairement tourmentez du mal de ratte, qui se conuertit en hydropisie si l'on n'y remedie de bonne heure. Les fiéures tierces & la quarte y sont fort ordinaires, & durant l'Automne il y a force fiéures continuës. Les Gens aagées y meurent ordinairement de catarres & de difficulté de respirer, la iaunisse & la letargie fait mourir les plus ieunes. Les froids y sont aussi fort grands, & quoy qu'ils ne se fassent sentir que sur la fin de Decembre, il ne laisse pas d'y tomber beaucoup de Neiges quelquesfois mesmes iusqu'au mois d'Avril.

Le pays est vast & marescageux du costé de la mer, mais plus auant vers les Terres il est fort bossu, le Mont Caucase l'asseure de ce costé-là des courses des Barbares qui l'habitent, & aux endroits où la Montagne sembloit auoir laissé quelque passage, ils y ont tiré vne muraille qui a plus de soixante mille pas de longueur, laquelle est flanquée de ses Tours, gardée par des Mousquetaires, qui se releuent tous les mois, & que les principaux Seigneurs de la Ville d'Odisci ont accoustumé d'enuoyer tour à tour. Les endroits du pays du costé de la mer, où il n'y a point de Marais pour en deffendre l'entrée, sont aussi fortifiez de Chasteaux de bois: le pays va s'esleuant auec vne pente douce depuis la marine iusques aux plus hautes Montagnes du Caucase. Ie sçay bien que Quintecurce & Pline mettent le Caucase dans les Indes, mais Ptolomée & Pline le mettent entre la mer Caspiene & le Pont Euxin, & Strabon remarque que Quintecurce en a parlé de la sorte pour flatter Alexandre.

Le Caucase est habité par des Peuples fort sauuages de differentes langues, qui ne s'entendent point; les plus proches de la Mengrelie sont les Suanes, Abcasses, les Alans, Circasses, les Ziques, & les Caracholi. Ils se vantent d'estre Chrestiens, quoy qu'il n'y ait ny foy ny pieté parmy eux, les plus ciuilisez sont les Suani, qui ayment à se faire instruire, ils occupent vne grande partie des montagnes qui sont vers Odisci & celles d'Imereti: ceux-cy seruent le Prince d'Imereti, & ceux-là le Prince Dadian. Ils sont d'vne taille extraordinaire, bien proportionnez, mais affreux de visage, braues Soldats, bons Arquebusiers, ils ont même l'art de faire des Arquebuses & de la poudre: au reste si sales qu'ils font peine à ceux qui les regardent. Ils ne manquent point des choses necessaires à leur nourriture, mais la necessité d'auoir des habits & toute sorte de mercerie, les oblige à venir par troupes en Georgie au commencement de l'Esté, louent leur trauail & leur industrie, trauaillent à la campagne, & s'en retournent apres la recolte, remportant pour leur salaire, non pas de l'argent, qui leur seroit inutile, mais des plaques de Cuiure, des Chaudrons, du fer, des toiles, des draps, des tapis, & du sel. Ils reuiennent au commencement de l'Hyuer à Odisci, où ils fournissent les habitans de bois, dont ils ont grand besoin à cause du gräd froid & de la qualité de leurs Maisons mal fermées. & quand ie les interrogeois pourquoy ils ne vouloient point d'argent pour leur salaire, ils me respondoient qu'en prenant en payement les choses qui leur estoient necessaires, ils s'espargnoient la peine de receuoir de l'argent puisqu'il le falloit remployer apres en ces mesmes marchandises. Ces habitans du Mont Caucase ny les autres Peuples qui sont entre la mer Caspienne & le Pont Euxin, ne se seruent point de monnoye, & quoy que Strabon ait dit qu'ils ont beaucoup d'or & qu'ils le ramassent dans des peaux de Mouton, ie puis neantmoins asseurer qu'il ne leur reste rien de ces richesses supposées, ny mesme aucune memoire dans le pays qu'il y en ait eu autrefois.

Les Peuples du Caucase les plus auancez vers le Nord que les Turcs nomment Abassas ou Abcasses, sont bien faits, bien proportionnez, ont le teint beau, adroits de leurs personnes, forts & propres à toutes sortes de fatigues. Leur pays est sain, agreable, entrecouppé par des collines fort fertilles & fort riches. Ils ont de grands trouppeaux, & viuent de la Chasse, & de laiterie, ne mangent point de poisson quoy qu'ils en ayent en grande abondance, & sur tout ont en horreur les Escreuisses, se raillant souuent de leurs voisins de Mengrellie, qui en font vn de leur meilleurs morceaux. Ils n'habitent point dans des Villes ny dans des Chasteaux, mais 15. ou 20. familles s'attroupent ensemble, & ayant choisi le sommet de quelque Colline y dressent des Chaumieres & les fortifient de Hayes & de bons fossez, ce qu'ils font pour n'estre point surpris de ceux mêmes de leur pays; ils taschent de s'enleuer les vns les autres, & de faire des Esclaues pour les vendre aux Turcs, qui estiment beaucoup ceux de cette Nation à cause de leur beauté. Entr'autres façons de faire qui sont particulieres à ces Peuples, ils n'enterrent ny ne brûlent le corps de leurs morts, ils mettent le corps dans vn tronc d'Arbre qu'ils ont creusé & qui sert de bierre, & l'attachent auec du serment de vigne aux plus hautes branches de quelque grand Arbre, ils suspendent de mesme les Armes & les habits du deffunct, & pour luy ennoyer son Cheual en l'autre monde, ils le font courir à toute bride proche de cét Arbre iusques à ce qu'il créue. S'il meure bien-tost, ils disent que son Maistre l'aimoit fort, & si au contraire il resiste long-temps, ils disent qu'il a tesmoigné par là qu'il ne s'en soucioit pas beaucoup. Ie ne diray rien des Alains & des Zichi, à cause que dans leurs façons de faire ils tiennent partie celles des Souani & des Abcasses.

Les Cosmographes mettent les Amazones en ces quartiers & dás cette estenduë de pays qui est entre le Pont Euxin & la mer Caspiene, vn peu plus vers la mer Caspiene. Ie ne m'estendray point sur ce que dit Plutarque qu'elles tinrent teste à Pompée lors qu'il poursuiuoit Methridate. Ie diray seulement que du temps que i'y estois on escriuit au Prince de la Mengrellie, qu'il estoit sorty des Peuples de ces Montagnes qui s'estoient diuisez en 3. troupes, que la plus forte auoit attaqué la Moscouie, & que les deux autres s'estoient jettées dans le pays des Suaues & des Caracholi, autres Peuples du Caucase, qu'ils auoient esté repoussez, & qu'entre leurs morts on auoit trouué quantité de femmes, ils apporterét même à Dadian les Armes de ces Amazones, belles à voir & ornées auec vne curiosité de fémes, c'estoit des Casques, des Cuirasses, & des Brassars faits de plusieurs petites lastres de fer, couchées les vnes sur les autres, celles de la Cuirasse & des Brassars r'entroient les vnes sur les autres & obeïs-

soient ainsi aisément aux mouuemens du corps, à la Cuirasse estoit attachée vne espece de cotte qui leur arriuoit iusqu'à my-jambe, d'vne estoffe de Laine semblable à
nostre serge, mais d'vn rouge si vif qu'on l'eut prise pour de tres-belle escarlatte:
leurs brodequins ou bottines estoient couuertes de petites papillottes non pas d'or
mais de leton, percées par dedans & enfilées ensemble auec de petites cordes de poil
de Cheure, fortes, deliées, & tissuës auec vn artifice admirable. Leurs Flesches de qu-
palmes de longueur toutes dorées & armées d'vn fer d'acier tres-fin, qui ne finis-
soient pas en pointe, mais larges par le bout de trois ou quatre lignes comme le tail-
lant d'vn ciseau. Voila ce que i'ay appris de ces Amazones, lesquelles, selon ce que
m'en ont dit ceux du pays, sont souuent en guerre auec les Tartares appellez Cala-
mouchques. Le Prince Dadian promit de grandes recompenses aux Suanes & aux Caratcholi pour auoir vne de ces femmes vinte, si iamais en vne pareille rencontre il
leur en tomboit quelqu'vne entre leurs mains.

Caratcheli ou Karaki-sui.

Ces Caratcholi habitent aussi vers le Nord du Caucase, il y en a qui les appellent
Caraquirquez, c'est à dire Circassiens-noirs; ils sont fort blancs de visage, & ce nom
leur a peut-estre esté donné à cause que l'air de leur pays est tousiours sombre & couuert de nuages: ils parlent Turc, mais si viste qu'on a de la peine à les entendre.
I'ay fait quelque fois reflexion sur ce qu'ils ont conserué au milieu de tant de Nations differentes, la pureté de la langue Turque; & ayant trouué depuis dans Ce-
drenus, que les Huns, d'où viennent les Turcs, estoient sortis de la partie du Caucase la plus Septentrionale, i'en ay tiré cette induction que ces Peuples tirent
leur origine des Huns.

Rivieres du pays.

Tous les plus grands Fleuues de l'Asie tirent leur origine du Mont Caucase & du
Taurus; nous ne parlerons icy que de ceux qui ayant leurs sources dans le Caucase,
trauersent la Mengrellie pour se rendre dans la mer-Noire. Ces Fleuues sont le
Phase, le Phase est le premier de tous, Procope a crû qu'il entroit dans la mer auec
vne si grande impetuosité, que vis-à-vis de son embouchure, l'eau n'estoit point
salée, & qu'ainsi on y pouuoit faire prouision d'eau douce sans entrer dans l'emboucheure de cette riuiere. Agricola asseure au contraire que son cours n'a aucune impetuosité, pour moy ie puis dire, apres l'auoir veu plusieurs fois, qu'au commencement de sa course il est fort impetueux, & qu'apres estre arriué à la Plaine, son
cours est si imperceptible qu'on a de la peine à remarquer de quel costé il court. Il
est vray aussi que ces eaües ne se meslent point auec celles de la mer, ce qui leur arriue à cause qu'estant beaucoup plus legeres elles nagent au dessus: ces eaües sont
comme plombées à cause, comme dit Arian, de la terre qui y est meslée. Mais
quand on les a laissé reposer quelque temps, elles ne cedét point en bonté aux meilleures eaües du monde. Les Anciens, par cette raison, vuidoient leurs vaisseaux &
les remplissoient de cette eau, qu'ils croyoient fort importante aux bons succez de
leur nauigation. La riuiere de Phase se descharge dans la mer par deux bouches,
entre lesquelles elle forme vne Isle où les Turcs bastirent l'année 1578. vne Forteresse. Amurat auoit en ce temps-là pris au Persan la Ville de Teflis, & creut que ce
Port seroit fort propre pour faire passer plus aisément ses Trouppes à la conqueste
de la Perse qu'il auoit dans l'esprit, & à se rendre Maistre de la Ville de Colatis l'entrée & la Clef du pays, de ce costé-là. Ses Galeres remonterent bien auant dans la riuiere, mais ces Georgiens qui les attendoient à l'endroit du fleuue le plus estroit,
les traitterent si rudement qu'ils les firent retourner à l'endroit du fleuue où ils bastirent cette Forteresse, le Prince d'auiourd'huy la demolie, & en a enleué vingt-cinq
pieces de Canon. Les Officiers qui la tenoient pour le Turc n'ont point escrit à
la Porte la prise de cette Place, & en tirent encore auiourd'huy les mesmes emo-
lumens, qu'ils tiroient lorsque leur garnison estoit sur pied. Au dessus de l'Isle le
Phase a bien vn demy mille de largeur. Ses riues sont bordées de beaux Arbres,
& frequentées de pescheurs qui y font heureusement la pesche de l'Esturgeon. Plus
haut dans cette riuiere on trouue plusieurs petites Isles, l'vn à l'autre de ces Isles ha-

bitez. Toutes ces maisons ont vne petite Barque faite d'vn tronc d'Arbre creusé que les femmes peuuent conduire : la riuiere estant fort aisée à trauerser en cét endroit ; Arrian, qui la fut reconnoistre par ordre de l'Empereur Adrien, dit dans vne de ses lettres, qu'il auoit veu au costé gauche de son emboucheure vne statuë de la Deesse Rhea. Ce Temple fut consacré à l'honneur de la Vierge du temps de l'Empereur Zenon, & c'est peut-estre l'etimologie du nom Recas, que les Mengrelliens donnent aux riues des riuieres, i'en tire encore cette conjecture, que les Eglises qui se trouuent maintenant dediées à la Vierge, & se voyent sur les Montagnes, peuuent auoir esté autrefois des Temples dediez à Rhea, car on bastissoit sur les Montagnes les Temples de cette mere des Dieux, à l'imitation du changement que ie viens de dire de ce principal Temple dedié à la Deesse Rhea, ils ont esté depuis consacrés à la Vierge Marie.

Apres le Phase vient le Skeni-Skari, c'est à dire, le fleuue Cheual, à qui les Grecs auoient donné le mesme nom à cause de sa vitesse. Arrian, & tous les Geographes qui l'ont suiuy, mettent d'autres fleuues entre le Phase & le Skeni, en cela ils se sont trompez, & ie puis asseurer que le Skeni est le premier des fleuues qui se rendent dans le Phase. Ie corrigeray icy beaucoup d'autres fautes que ces Autheurs ont faites dans la description des fleuues de ce pays, la riuiere Abbascia & le Tachur entre encores dans le Phase, l'Abbascia est le Glaucus de Strabon, & le Tachur ne peut estre autre que le Sigamé d'Arrian, quoy qu'il le mette apres le Copo. Il y a encore aujourd'huy vn lieu nommé Sinagi par où cette riuiere passe, duquel elle auoit pris son nom ancien.

Pour la riuiere Cobo, ceux du pays l'appellent aujourd'huy Ciani Skari, elle est appellée dans les Cartes Cianeus, nommé ainsi d'vne Nation qui en habite les riues, & qui vient souuent traffiquer en Mengrellie.

L'Enguria sera l'ancien Astelphe, car Arrian le met proche du Cianeus, il descend auec rapidité des Montagnes qui sont habitez par les Souani, & la chaleur faisant fondre les neiges dans ces Montagnes, il croist en sorte qu'on n'y sçauroit passer sans Barque, plus il fait chaud plus ses eauës sont fraisches, & courant entre des Cailloux elles se purifient, & sont excellentes. Il s'y pesche grand nombre de Truites que ceux du pays prennent auec des Hameçons faits de bois, quand ses eauës sont fort cruës on y prend aussi beaucoup d'Esturgeon.

L'Heti, que l'on rencontre apres l'Enguria, n'est point marqué dans les Cartes, peut-estre à cause de sa petitesse, mais il est fort connu par la pesche qui s'y fait d'vn poisson qui luy est particulier, il entre dans la mer en vn lieu nommé Gaghidas.

L'Ochums passe par vn lieu nommé Tarscen, & c'est peut-estre de là que vient le nom de Tarsura sous lequel il est marqué dans les Cartes. Apres l'Ochums l'on trouue le Moquis, qui prend son nom de la Ville, & l'Euesché de Moquis qu'il trauerse. Le dernier est le Coddors ou Corax, il separe la Mengrellie des Abcasses, comme le Phase la separe de Guriel, où l'on parle la langue Georgienne : aussi quand on a passé le Coddors ou Corax l'on parle la langue des Abcasses, ce qui fait assez voir que le Coddors est l'ancien Corax, puisque selon les Anciens il seruoit de bornes à la Colchide de ce costé-là.

Il me reste à dire sur le sujet de ces mers, qu'en beaucoup d'endroits de la Mengrellie, & principalement dans les Plaines, la terre resonne quand on les passe à Cheual, comme si elles estoient creuses par dessous : ce qui rend plus probable l'opinion que l'on a euë de la communication de la mer Caspiene auec l'autre. Adjoustez que l'on trouue dans ces deux mers les mesmes especes de poissons, l'on pesche beaucoup d'Esturgeons dans la mer Noire, & dans la mer Caspiene, il y en a vne si grande quantité, que le Roy de Perse tire plus de cinquante mil escus tous les ans de la pesche qui s'en fait à l'embocheure de la riuiere Cirus.

Polibe croit que les riuieres qui entrent dans le Pont Euxin y apportans tous les iours de nouuelles matieres, il se doit remplir enfin & estre changé en lac quand ellesauront bouché le Bosphore de Trace, mais la rapidité auec laquelle courent ses eaues nettoye son lit plus haut que celuy de l'Archipel, cependant l'on voit par les Coquilles qui se trouuent aux murailles d'vne petiteChappelle antique proche de Caffa, nommée le Cherci, que la mer s'est autrefois estenduë iusques-là dans le temps peut-estre que le destroit du Bosphore s'est trouué bouché, dont les Turcs disent auoir quelque tradition entr'eux.

Le Pont Euxin est fort sujet aux tempestes, principalement l'Hyuer; la Tramon-tane, ou vent du Nort est sa trauersie, & dans cette mer elle couure l'air de nuages & d'obscurité, au lieu que dans les autres pays elle le purge & le rend plus se-rain; & c'est auec beaucoup de raison qu'Horace a dit, des nuages obscures cou-urent tousiours ces mers, de-là vient le nom qu'on luy donne de mer-noi-re plustost que de son sable, ou fonds : Il n'y a point d'Isles dans cette mer, si l'on ne conte pour Isles quelques petits rochers qui se trouuent proches de ses Co-stes, mais il n'y a que les glaces qu'il charie quelquesfois, qui ayent pû donner lieu à ce que dit Ammiam Marcellin des Isles flottantes, en effet il s'y voit quel-quesfois de fort grandes glaces, & du temps de l'Empereur Constantin Copronime ces glaces abbatirent vn grand pan des murailles de Constantinople, car l'Hyuer de l'année 766. ayant esté fort rude toute la mer-Noire se glaça, & les Neiges qui vinrent apres s'estant endurcies par le froid, on y vit des glaces de cinquante coudées d'époisseur qui se separerent au prin-temps, en autant de masses de glaces flottantes assez semblables à des Isles, pour auoir donné sujet à ce qu'en dit Ammian Marcellin.

Illis umbro-se semper stat equore nubes, & caecis dies.

Des Pois-sons.

Elian dit que l'on y prend beaucoup de Thons, pour moy dans tout le temps que i'ay demeuré dans le pays, ie n'en ay veu qu'vn seul qui fut seruy comme vn poisson fort rare sur la table du Patriarche, & les Pescheurs du pays ne le reconnu-rent point, mais peut-estre qu'il a pris l'Esturgeon pour le Thon, qui y est fort commun, on le pesche à l'emboucheure du Phase & du fleuue Enguria depuis le mois d'Auril iusques à la my-Aoust, ils en connoissent de 3. sortes, le Zutki, qui est le nostre & qui ne pese iamais plus de cinquante liures, il est de meilleur goust que les autres, on porte au Prince ceux de cette espece, & on les met dans des Re-seruoirs, où i'ay obserué qu'il est vray, comme le dit Aldrouandus, que ce poisson ne mange point des choses que l'on jette aux autres poissons, & qu'il vit du limon qu'il leche & qu'il ramasse le long des bords du lieu où il se treuue, ainsi il ne mord point à l'hameçon, & on ne le sçauroit prendre qu'auec des filets.

Ils nomment la seconde espece d'Esturgeons Angiakra, elle n'est guere differente de la premiere si ce n'est en ce qu'elle a la teste differente, la chair moins bonne, & qu'il est beaucoup plus grand, mais les Esturgeons nommez Poronci qui sont vne troisiesme espece, sont encore plus grands, & de mon temps ils en pri-rent vn qui estoit vne fois plus gros qu'vn Buffle, leur chair n'est pas si delicatte que celle des autres; ils les taillent par tranches, grandes de deux palmes,

Maniere de faire le Ca-uiat.

qu'ils salent & font secher au Soleil; ils appellent ces tranches Moroni, des œufs de ces trois especes d'Esturgeon l'on fait le catual, ils les saupoudrent de sel apres les auoir mis dans quelque vaisseau de bois, les exposent au Soleil, & les remuent plu-sieurs fois le iour, & quand ils ont pris vn peu de corps, ils les mettent dans d'autres vaisseaux. L'espece la plus petite, nommée Zutchi, rend plus d'œufs que les autres, on ne jette rien de ce poisson si ce n'est certains petits os plats qui sont attachez sur sa peau; il n'a point d'arrestes, mais en sa place vne cartilage tendre & grosse d'vn doigt, qui s'estend depuis la teste iusqu'au bout de la queuë, & soustient tout son corps. Quand on a mis en pieces l'Esturgeon & qu'on luy oste cette cartilage, elle s'estend comme vn boyau : on la seche apres au Soleil, & on la garde comme la meilleure chose que l'on puisse manger en Caresme. On fait du ventre de l'Estur-geon cette colle qu'on appelle colle de poisson; les Pescheurs ont des marques cer-taines pour connoistre le temps de cette pesche, ils en iugent sur la cruë des eaues de ce fleuue. Les eauës de ces riuieres viennent de neiges fonduës, les Esturgeons en ayment la fraîcheur, & quittent les autres endroits de la mer pour la venir chercher, on les voit quelquesfois sauter la hauteur de cinq ou six pieds hors de l'eau, si bien qu'il est aisé aux Pescheurs de iuger, par le nombre de ceux qu'ils voient sauter hors de l'eau, si la pesche est bonne.

Ils les peschent de cette maniere. Chaque Pescheur a sa Barque & son filet : ils sortent à l'emboucheure de la riuiere auec leur filet qui a toute la longueur de leur Barque, c'est à dire, enuiron quarante palmes : ils le laissent pendre au fonds de l'eau, les pierres qui y sont attachées au lieu de plomb, le tenant en cét estat. Les deux bouts du filet sont attachez à deux cordes que deux hommes tiennent l'vn sur le deuant, l'autre sur le derriere du batteau : & quand ils sentent que l'Esturgeon a donné dans le filet, ils en releuent promptement la partie inferieure par le moyen de ces deux cordes, & ayans tiré le poisson dans leur Barque ils luy passent vn cordeau à la gueule, le rejettent en mer, & le tiennent long-temps en vie attaché de la sorte.

Ils ont la pesche d'vn autre poisson appellé Suia, les Turcs le nomment Calcan Baluch, c'est à dire poisson Bouclier, car il en a la figure, est plat, rond, couuert de petits os applatis, a les deux yeux d'vn mesme costé, qui est d'vne couleur qui tire sur le gris, de l'autre costé il est presque tout blanc.

L'on prend cette sorte de poisson en pleine mer auec des rets qui n'ont que la hauteur d'vn homme, mais qui sont fort longs, on les fait descendre iusqu'au fonds de la mer où ce poisson se plaist, sa pesche dure depuis le mois de Decembre iusqu'au mois de May.

Ils ont vn autre poisson appellé Cephalo, l'Hyuer est le temps de sa pesche, il y en a de deux especes, le Cephalos, & le Cocoba, n'y ayant point d'autre difference sinon que le Cocoba est beaucoup plus petit. Il y a encore d'autres petits poissons, mais trop communs pour qu'on se donne la peine de les pescher.

Cephalo est le même que celuy qui est connu en Italie sous ce nom-là.

L'on voit quelquesfois dans cette mer beaucoup d'harans, & ces années-là ils en tirent vn presage que la pesche de l'Esturgeon doit estre fort abondante, & en font vn iugement contraire lorsqu'il n'en paroist point ; l'on en vit vne si grande quantité l'année 1642. que la mer les ayant iettez sur la Spiage, qui est entre Trebisonde & le pays d'Abcasses, elle s'en trouua toute couuerte, & bordée d'vne digue de harans qui auoit bien trois palmes de haut. Ceux du pays apprehendoient que l'air ne s'empesta de la corruption de ces poissons, mais l'on vit en mesme temps la coste pleine de Corbeaux & de Corneilles, qui les deliurerent de cette crainte, & mangerent ces poissons. Ceux du pays disent que la mesme chose est arriuée d'autrefois, mais non pas en si grande quantité.

Ils ont des Huitres, mais quand ils les trouuent dans leurs filets ils les rejettent en mer, i'en ay ouuert de noires, & i'y ay trouué quelquesfois des Perles rousses, semblables à celles que Pline dit auoir veuë dans le Bosphore de Thrace.

Les riuieres abondent en Truites, & ils ont vn prouerbe parmy eux, que dans les riuieres, sur les riues desquelles se trouue vn certain Arbre qui porte des Espines, on y trouue aussi des Truites. Ils connoissent deux sortes de Truites, l'vne qu'ils appellent Calmacca fort petite, & l'autre plus grande qu'ils nomment Aragoli, ces plus petites se peschent aussi dans la mer, mais la plus grande espece ne se trouue que dans les riuieres.

Il y a toute sorte de Gibier dans la Colchide, mais c'est principalement le pays des Phaisans. Cét Oyseau tire son nom de la riuiere du Phase sur les bords de laquelle on le trouue, comme aussi dans tout le reste du pays ; c'est de-là, si nous en voulons croire Martial, que les Argonautes le transporterent dans la Grece, comme il le dit dans ces deux vers,

Des Oyseaux.

Argua primum sunt transportata carina,
ante mihi notam nil nisi phasis erat.

ils le prennent auec l'Autour. Quoyqu'il y ait grande quantité de Perdrix dans la Georgie, il ne s'en voit point dans la Colchide, car elles ne s'y pourroient pas conseruer à cause que la Colchide est pleine d'Oyseaux de rapine, le voisinage du Caucase où ils font leurs nids en produisent de toutes les especes; peut-estre aussi que le mesme Ciel qui porte les hommes de ce pays au Brigandage, insluë les mesmes impressions sur les Oyseaux. Il y en a de toutes sortes, mais principalement des Epreuiers qu'ils dressent ordinairement en 8. iours, apres lesquels ils leur font voller la Caille, & les laissent aller sur leur foy; ils ont tous des Epreuiers au temps des Cailles, & au commencement de l'Hyuer, pour ne point faire la despense de les nourir, ils leurs donnent la liberté. Entre diuerses sortes de Faucons qu'ils ont, il y en a de blancs plus estimés que les autres, mais le Prince seul en peut auoir, les autres font permis à tout le monde, ainsi ils ne manquent point de Faisans ny de Canards. Les Aigles y font fort communs, ils les prennent seulement pour auoir de leurs aisles, car ce font les seules qui puissent seruir pour mettre au bout de leurs flesches fort longues. Comme ce pays est sur le bord de la mer, & plein de riuieres, il y paroist souuent de nouuelles especes d'Oyseaux. Le Prince en est fort curieux, il a des Oyseleurs en diuers lieux pour les prendre, & a fait dresser vne volliere auec de l'eau au milieu, où l'on met les plus rares: dans le temps que i'estois à sa Cour, il arriua que tenant conseil auec les principales personnes de son Estat, où estoit le Patriarche auec plusieurs Euesques, on luy vint dire qu'il auoit paru vn Oyseau fort extraordinaire, ie luy vis quitter le conseil & monter à cheual pour l'aller prendre, comme il fit, & apres l'auoir fait voir à toute l'Assemblée, le fit mettre dans sa volliere qui est tres-belle à voir à cause de sa grande diuersité d'Oyseaux qui y font.

Il n'y a point d'homme si pauure dans la Colchide qui n'ait vn Cheual, car il ne couste rien a entretenir, entre les Gentils-hommes il y en a qui en nourrissent deux cens, & le Prince en a cinq mil, on les laisse toute l'année à la campagne. Ils ne s'esloignent point des lieux où ils ont accoustumé de paistre, & ils y retournent quand ils peuuent eschapper des mains de ceux qui les ont pris, on ne les ferre point qu'en temps de guerre, autrement dans ce pays plat & où il n'y a point de pierres cette diligence seroit inutile. Les Moutons n'y multiplient pas beaucoup, peut-estre à cause de l'humidité du pays, ils ont la laine fort fine, on trouue vers les Montagnes des Leopards, dont ils estiment beaucoup la peau pour parer les Harnois de leurs Cheuaux. Il se trouue aussi dans les Montagnes vn animal qui tient de la Chéure & du Cerf, il a le poil plus brun que celuy du Cerf, auquel il ne cede point en grandeur de corps, mais il a les cornes approchantes de celles de la Chéure & retortes en arriere, d'vne couleur entre le noir & le cendré, elles ont bien trois palmes de longueur. La chair de cét animal est fort délicate & est beaucoup plus estimée que celle du Cerf, i'en ay veu de cette mesme espece en la Circassie. Ils ont encores de toutes les sortes de bestes sauuages que nous auons en Europe & beaucoup d'Ours, il y en a mesme de blancs, & principalement sur le Mont Cyais, quoy qu'il soit separé des autres & qu'il n'y tombe point de neige, ce qui me fait croire que les Ours blancs font vne espece d'Ours particuliere, & que la blancheur ne leur vient point des neiges, puisque dans le Mont Caucase qui en est tousiours couuert, il ne s'en trouue point de cette sorte.

Ils disent qu'il y a des Busses sauuages sur la frontiere des Abcasses; auec cela beaucoup de Loups, & les Harats des Cheuaux en seroient tous les iours ruinez s'ils n'auoient l'industrie de se serrer les vns contre les autres pour s'en defendre, de mettre leurs Poulains au milieu, & de leur tourner la crouppe, les Loups n'en pouuant pas venir about à force ouuerte, se cachent dans les herbes pour les sur-

prendre, & se iettent sur ceux qui sont escartez de la troupe, les estranglent & les
viennent manger la nuit.

Le Renard est trop fin pour se couller auec tant de bestes sauuages, aussi il
n'y en a point, mais bien vn animal qui luy ressemble, si ce n'est qu'il est vn peu plus
grand, ils l'appellent Tourra, a le poil rude, ils vont par trouppe, & sur le soir ils
commencent à faire des cris, qu'ils continuent toute la nuict, assez semblables à
la voix d'vn homme, ils font encore plus de mal que les Renards, & emportent
mesme, à ceux qui dorment à la campagne, leurs Souliers & leurs Bottines. Arist. liu.
8 Hist. des
animaux
cap. 5.
On trouue aussi des Castors dans les riuieres & sur la coste de la mer, ce qui est contraire à l'opinion d'Aristote, qui dit qu'il n'y a point d'animal à quatre pieds qui
viue dans la mer.

Les Mengrelliens qui croient que c'est vne felicité de changer quand ils veulent
d'habitation, ne sçauroient se resoudre à faire de la despenie en leurs bastimens, Des Pierres, Mines
& mineraux.
quoy qu'ils ayent tous les materiaux propres à en faire de tres magnifiques, principalement vne pierre blanche semblable à celle de Malthe, & qui peut receuoir toutes sortes d'ornemens. Ils ont aussi vne autre pierre grise que le torrent,
qui descend de la Montagne qui est au dessous d'Arama, roule en bas. Ils s'en
seruent pour faire des meules de Moulin, des Mortiers, & des fours pour cuire le
pain, car on la peut eschauffer beaucoup sans qu'elle se casse. On croit auec beaucoup d'apparence qu'il y ait de l'or & de l'argent sur le Caucase, mais ceux du pays
tiennent la chose cachée pour ne pas s'attirer l'enuie & les desseins des Turcs. Ie
n'allegueray point la fable de la Toison d'or, ny l'authorité de Pline, qui dit qu'il y
en a eu autrefois beaucoup. L'on tire de l'or encore auiourd'huy proche de la Ville d'Aradan dans la Prouince qui a appartenu autrefois au Prince Artabegi. Il y a
aussi de l'Antimoine, l'on m'a dit que le Prince d'Imereti fait trauailler des Mines
dans ses Estats, mais il tient la chose la plus secrette qu'il peut, & vn des subjets
de Dadian ayant porté à Constantinople vne Monstre d'or & d'argent des Mines
d'Odisci, le Prince à son retour luy fit couper vn pied & vne main pour le chastier
de cette intelligence auec les Turcs.

Il y a des Mines de fer sous la Montagne d'Imerety, & des peuples entiers qui
ne font autre chose que la trauailler, il y en a aussi à Odisci, mais ils ne veulent
pas mesme que leurs voisins sçachent que le pays ait cette richesse. On a aussi des-
couuert dans les Montagnes de l'Euesché de Cauis vne Mine d'Ocre.

I'y ay veu le Plane, mais il y est rare, il se trouue de la Regalisse sur les riues Des Arbres
& des Plan-
tes.
du Phase, les Racines n'en sont pas grosses, il y en a beaucoup d'auantage en
Georgie, ie n'y ay iamais veu de la grande Centaurée, mais beaucoup de la petite, aussi-bien de celle qui a les fleurs rouges que de celle qui les a blanches. Les
herbes qui ont beaucoup d'odeur en nos quartiers n'en ont point en ce pays-là à
cause de sa grande humidité.

Quoy que Strabon & quelques Autheurs anciens, ayent dit que le Miel de Du Miel
de la Colchi-
de.
Colchide est fort mal sain & fait tourner la ceruelle à ceux qui s'en seruent, ie ne
laitray pas d'asseurer que c'est le meilleur miel du monde, & qu'il a toutes les
marques que Matthiole donne au bon miel, ce qui vient de la grande quantité de Melisse qui croist dans le pays. Ils ont encore vn autre Miel fort
blanc & dur comme du Sucre, il ne s'attache point aux mains lorsqu'on le
manie, & ie croy que sa couleur a donné sujet à l'erreur de Pline, qui dit
que vers le Pont Euxin on trouue des Abeilles blanches. Ceux du pays au contraire affirment que les Abeilles qui le font sont iaunes comme les autres, mais
que cette couleur luy vient de ce qu'il y a beaucoup de Roseaux dans le pays
d'où elles le tirent. Pour celuy-là il est fort estimé dans le pays, mais il ne va
pas iusqu'à Constantinople comme le commun, car le Miel blanc se recüeille
dans le temps de l'Hyuer, pendant lequel ils n'ont point de commerce auec Constantinople, la mer estant fermée dans ce temps-là.

Ils mettent quelquesfois leur Miel dans des Escorses de Citroüilles ameres, ce qui a peut-estre donné sujet à Strabon d'en parler comme il a fait, & il est vray aussi que celuy qu'on ramasse dans les Montagnes, dans le temps que le Laurier-rose est en fleur, fait vomir ceux qui en prennent, si bien que les Païsans, fauto d'autre remede, s'en seruent pour se purger.

RELATION

Ils mettent quelquesfois leur Miel dans des Escorses de Citroüilles ameres, ce qui a peut-estre donné sujet à Strabon d'en parler comme il a fait, & il est vray aussi que celuy qu'on ramasse dans les Montagnes, dans le temps que le Laurier-rose est en fleur, fait vomir ceux qui en prennent, si bien que les Païsans, fauto d'autre remede, s'en seruent pour se purger.